Lève-toi et Code

RABBIN DES BOIS

Lève-toi et Code

Éditions
de La Martinière

Conseil éditorial : Litcom

ISBN 978-2-7324-8635-2

Chapitre 1
admin : password

root@rabbindesbois : apt install irssi
root@rabbindesbois : irssi
[(status)] /connect #-tls# irc.freenode.net
[(status)] /join #LyTaKl660o56SGGC

Cher Dieu,

Aujourd'hui, maman est morte.

Ou peut-être hier, je ne sais pas. J'ai reçu un tweet de @Au_Delà : "Mère décédée. Enterrement demain. Sentiments distingués."

Cela ne veut rien dire.

C'était peut-être il y a dix ans.

Le temps.

Pour certains, c'est de l'argent, pour d'autres, un cadeau.

Pour Roger, le clochard d'en bas, chaque seconde qui s'écoule nous coule.

Cool.

Je me souviens d'une époque où tout ce qui m'importait était de capturer des Roucools, de choisir entre Herbizarre, Salamèche et Carapuce.

Maintenant, tout ce que j'aime dans la vie, c'est hacker l'État, vendre de la data et observer le cours du bitcoin.

J'ai une confession à Te faire : fut un temps, j'avais l'habitude de prévoir les choses.

J'étais le genre de type qui raisonnait avec des "dans cinq ans", le genre de personne qui n'aimait pas ses journées, mais faisait tout pour bâtir un lendemain meilleur.

En vain.

Désormais, je ne sais plus trop qui je suis.

Pour certains un étudiant, pour d'autres un hacker avec une sérieuse dépression clinique, de l'anxiété sociale, un passé morbide et un futur précaire.

Pour Roger, un euro de temps à autre.

⋆

Selon les miens, il n'y aurait que des 1 et des 0.

Le cœur de chaque moment serait en fait un choix – dire ou s'abstenir, croire ou douter, continuer ou s'arrêter.

Pour eux, le temps est un ensemble de possibilités.

Soit Tu lis la ligne d'après, soit Tu t'arrêtes à ce point.

Chaque être humain est une ligne de codes en perpétuelle écriture – un code fait de 1 et de 0 qui s'inscrivent à chaque choix validé.

Mais que se passe-t-il si le code prend conscience de son existence, de ce qui le compose ?

Au fond, je me demande s'il est vraiment possible de choisir le prochain 1 ou 0 – ou bien n'est-ce qu'une illusion ?

Pour moi, le temps s'envole.

Dix longues années se sont écoulées et je n'ai toujours rien compris.

Je me souviens T'avoir prié de longues années, mais aucun mot, aucun son, aucune image n'est sorti de Ta bouche. En revanche, je me souviens presque trop bien de l'haleine quasi criminelle qui sortait de la bouche du rabbin. Le genre d'odeur qui te refile le "cancer du sida de la mort qui tue" si je m'en tiens à la première lettre que je T'ai écrite ce soir-là.

Toutes ces années durant lesquelles Tu es resté silencieux.

J'ai tellement de questions à Te poser, mais je sais désormais que le silence est Ta seule réponse. Puisque Tu es resté muet, je suis devenu sourd. À force de n'entendre que ma propre voix, j'ai fini par l'ignorer. À en perdre la raison.

Peut-être un peu trop même, car, au moment où j'écris cette ligne, il est 15 h 30, nous sommes le 31 décembre 2017, et dans quelques heures je serai dans la "soirée de l'année" à en croire certains, dans un hôtel particulier du plus bel arrondissement de Paris, entouré des fils et des filles les plus riches et les plus puissants de France, célébrant le Nouvel An sous l'aura du poète Mallarmé, dans cette atmosphère de splendeur, de poussière et de voix.

Lorsque tous les convives de ma soirée exécuteront machinalement le copié-collé frénétique de leurs vœux pour l'envoyer à tous leurs proches qui feront sans doute de même, je les volerai.

Enfin, pas voler à proprement parler. Plutôt un hack de masse.

Un hack totalement inoffensif, si on oublie le fait que toutes les données de tous leurs téléphones seront récoltées, analysées, classifiées, chiffrées, stockées et, bien évidemment, revendues.

À cet instant précis, l'instant où tu peux recevoir le genre de message t'assurant que ton année 2018 sera celle où tu deviendras riche, beau & célèbre – à l'unique condition d'envoyer ce message à dix contacts –, je vais encaisser dix gigas de données par personne, soit l'équivalent de dix millions d'euros selon mes estimations.

Dans le calme le plus total – bien loin de l'excitation générale de l'élite de la jeunesse dorée 2.0 –, je vais réussir le braquage le plus lucratif, le plus pacifique et le plus invisible jamais réalisé de l'histoire de mon pays.

Et, à part Toi, personne ne le saura jamais.

Chapitre 2

€ = 1

Ainsi pour moi au commencement il y avait le code.

Pas les cieux, ni la terre ou le Big Bang, mais : le code.

Le soir de sa mort fut mon incipit. T'aurais quand même pu me donner un coup d'envoi un peu moins destructeur, mais non, salée fut l'addition : la mort de ma mère en full HD bloquée en replay dans ma tête. Il en sera ainsi.

J'espère que Tu comprendras que je me sois perdu au fil du temps à défaut de m'y être pendu.

J'ai compris que je ne pouvais pas changer le cœur de mon code, cette séquence maudite de 1 et de 0 qui me compose depuis si longtemps. Mais je pouvais essayer d'écrire les prochaines lignes.

Tu vois, ce que j'ai pu également réaliser ce soir-là, c'est qu'un simple 1 peut engendrer une perte de vie soudaine, une dernière phrase inachevée, un ultime souffle expiré.

T'as sérieusement déconné là-dessus d'ailleurs. Tout va beaucoup trop vite. T'es pas horloger, c'est sûr, mais grâce à Toi – ou à cause de Toi, Tu choisiras –, j'ai pu comprendre que la vie n'est pas un gâteau. Qu'il ne s'agit pas de manger la plus grosse part, d'éviter les miettes ou de garder la cerise pour le goûter.

C'est simplement un vol, un vol d'avion, pas une Balkany.

La porte d'embarquement, le jour où tu ouvres les yeux pour la première fois, pour un vol à destination du jour où tu les fermes pour la dernière fois.

*Mesdames et Messieurs,

Bienvenue sur ce vol, le commandant de bord M. Fou Mental et l'ensemble de l'équipage ont le plaisir de vous recevoir à bord de la compagnie BonneChance Airlines. Nous allons dès à présent vous indiquer les consignes de sécurité.

Tout d'abord, les issues de secours signalées par le panneau SUICIDE sont situées à l'avant, au centre et à l'arrière de l'appareil.

Une dépression lumineuse au sol vous indiquera le cheminement vers ces issues.

Les ceintures s'attachent et se détachent de cette façon, mais ne servent absolument à rien.

En cas de dépressurisation de la cabine, des écouteurs tomberont automatiquement devant vous, placez les dans vos oreilles afin d'entendre le dernier album de Patrick Sébastien, cela devrait vous tuer sur-le-champ.

En cas de nécessité, enfilez le gilet de sauvetage crevé sous votre siège.

En vue du décollage, veuillez redresser votre siège et éteindre votre cerveau.

Merci de votre attention.*

Conclusion : la vie consiste à s'installer à la place la plus confortable et à apprécier la vue pendant le trajet. Peut-être, aussi, à sympathiser avec l'hôtesse entre deux Martini. À éviter d'angoisser pendant les turbulences – tout en priant secrètement ne pas atterrir dans une tour ou dans la mer.

Merde.

Malheureusement pour moi, j'ai embarqué dans la soute. Tel un animal, recroquevillé au fond de cette grotte glacée. À Chevilly-Larue, pour être exact, en banlieue sud parisienne dans le 94 – le neuf-quat' pour les intimes. Au royaume du salade-tomate-oignon, de la harissa, du rap, de la drogue, de la violence – tous ces clichés stupides incarnant le mythe de la cité.

Grandir dans un bloc, c'est une ambiance presque familiale. C'est croiser les mêmes visages, reconnaître les voix, l'alternance d'odeurs de shit, de friture et de jasmin. C'est un microcosme du quotidien qui s'inscrit dans votre code. Jour après jour.

J'appelle ça la soute, mais on n'a pas pour autant l'IDH du Yémen ; on se contente de peu mais on a les yeux gros. Et si tu nous tends la main, il y a moyen qu'on t'arrache le bras. Tout comme on peut t'accueillir autour d'une bouffe. Certains habitants ne sont pas à plaindre tandis que d'autres vivent dans des conditions insensées. Comme partout.

L'un des points communs qui nous connectent tous au quartier est l'envie de s'en sortir : passer sa jeunesse en cité, c'est le feu, mais vouloir y rester une fois adulte, c'est de la folie.

Bien évidemment, chez nous, réussir est synonyme de se noyer dans un océan de liasses et tenter de disparaître (#bernard) tapi dans l'ombre avec une femme, deux gosses, le tout dans une maison en bord de mer, et certainement pas devenir énarque ou normalien, ces places étant réservées aux passagers de première classe.

Donc, j'ai choisi de sacrifier une décennie de ma vie, ce que peu de personnes font, afin de m'assurer un futur que peu de personnes ont.

S'échapper de la soute pour apprécier la vue.

Tu comprends bien que mes confrères passagers soient révoltés, pas besoin d'être Marx pour avoir une conscience de classe, ni d'être Bill Gates pour comprendre que c'est l'argent qui t'offre la meilleure vue durant le trajet.

Et le pire ? Rien de tout cela n'est nouveau, n'importe quel demi-cerveau pourrait Te faire un constat similaire, la quasi-totalité de mes concitoyens sait qu'au fond, sans oseille, la vie pue.

L'être humain passe plus de temps à essayer d'être heureux qu'à l'être.

Lorsque tu es jeune, tu as du temps, mais pas d'argent.

Lorsque tu es adulte, tu as de l'argent, mais pas de temps.

Lorsque tu es vieux, tu as le temps de comprendre que l'argent n'est pas si important que cela.

Si tu gagnes trop, t'es un bourge, pas assez, t'es un pauvre, et entre les deux tu gagnes une invitation dans la classe moyenne, l'expression la plus conne qui soit, comme si un curseur existait sur le spectre de l'argent.

En conséquence, on s'est rebellé contre l'équipage de bord, contre la société, dans le froid transi de nos blocs de bâtiments, une partie d'entre nous vit en marge, entamant un processus d'autodestruction.

Le jeune d'où je viens erre frénétiquement porte de l'Égoïsme, cherchant désespérément une dose de bonheur factice, un fix de déni ; il sait que, sans argent, limitées sont ses possibilités, et puisque être heureux est devenu aussi improbable qu'inconcevable, il se réfugie vers une valeur bien plus sûre, encensée par l'Oncle Sam : le billet.

Alors oui, pour les intellectuels défenseurs de la bien-pensance 2.0, l'argent ne fait pas le bonheur, plus démago tu meurs, Roger mangerait des salades de tétons tous les jours si elles étaient gratuites, personne n'a besoin d'argent, juste de ce qu'il peut nous obtenir, et cette différence est cruciale puisque, selon certains, il en faut peu pour être heureux, et alors qu'un #hakunamatata me vient tout naturellement à l'esprit je tiens à saluer ces âmes dont la route du bonheur est aussi évidente qu'un Smecta pendant une gastro.

Pour les autres, routine et course éternelle au billet obligent, encore un tour dans ce manoir hanté durant lequel Oncle Sam nous pousse à gagner plus, car gagner plus, c'est pouvoir plus, mantra que les 1 % ont assimilé il y a déjà bien longtemps.

De nos jours, un branleur peut gagner dix fois plus qu'un mec qui se casse le cul, et ayant passé mon enfance à contempler mon père se casser le cul pour gagner de quoi survivre, j'ai très vite décidé que j'allais devenir un branleur très très riche.

Après tout, l'argent est une laisse et nous sommes ses chiens. Moins tu en as, plus ça serre, collier prêt à t'étrangler au moindre agio, il suffit simplement d'amasser un butin suffisant, suffisant pour retirer cette laisse une bonne fois pour toutes et asservir à ton tour un de tes semblables – le prix à payer du capitalisme, n'est-ce pas ?

Donc, j'ai choisi la déviance. Comme beaucoup de gosses finalement. Je me suis renfermé sur moi-même, dans ma bulle, ma chrysalide, tout en sachant que dans certains cas les papillons ne voient jamais le jour. Convaincu qu'en cas de problème j'aurai au moins un alibi émotionnel devant la juge, presque trop beau pour être vrai : quinze ans, premier délit, mère décédée, résultats scolaires honnêtes, félicitations, avancez à la case MAISON, ne passez pas par la case PRISON.

Pour Ani, mon voisin de palier, la débrouille est sa religion, niquer le système comme il le dit est une discipline olympique, un art.

Il a eu l'intelligence de choisir une autre voie que les stupéfiants, mais pas la sagesse de s'éloigner du crime pour autant.

Lui, son domaine, c'est les mots, Ani manie la langue de Molière comme s'il en était amoureux, il l'aime tellement qu'il a fini déscolarisé, à force de rendre les enseignants fous. Sa spécialité ce sont les attaques mentales, selon lui tout le monde a une faille, voire plusieurs, il faut la détecter, élaborer un plan pour l'exploiter, puis exécuter. Un sarcasme par-ci, une comparaison par-là, un peu d'ironie, d'arrogance et d'extraversion : pour obtenir un sniper quasi omniscient. Toujours un coup d'avance sur la conversation, patientant devant sa proie avant de débiter la phrase assassine, celle qui fait rire ou douter, qui rend honteux ou bien stupide.

La rumeur la plus insistante est qu'il se serait fait virer du lycée parce qu'il aurait fait resurgir les démons d'un enseignant – il aurait transformé un vieux complexe à moitié oublié du prof en pression omniprésente, jusqu'à ce qu'il craque. Depuis son éviction, il passe son temps à faire rire les autres au quartier pour dissimuler le cœur de son code, donc, fatalement, six mois plus tard, il a monté sa propre start-up criminelle d'arnaque téléphonique, et c'est là que j'interviens.

À cette époque, j'étais juste démoli.

Un drame de cette amplitude vous détruit de l'intérieur, vos fondations sont fissurées, vos repères ont disparu, votre moral s'est pendu il y a déjà un quart d'heure, tandis que votre autre morale agonise, suffoque, crève.

On ne croit plus en rien, ni en personne, et encore moins en soi-même, jusqu'à finalement un beau jour, imploser – encore.

Retour à la case départ, recommencer de zéro, essayer de se reconstruire autour d'une valeur sûre, quelque chose qui n'allait pas me mourir entre les mains par exemple, et, après un grand briefing cérébral avec chacun de mes neurones, après ce questionnement existentiel, j'ai choisi l'écran comme refuge.

Tous les jours, tel un rituel que j'exécutais. Je me plongeais dans une solitude totale, en communion parfaite avec mon élément, et je passais des heures sur mon ordinateur.

Une avalanche infinie de pixels du matin au soir, sans interruption, une connexion presque divine entre la machine et l'Homme, déconnecté de ce que certains pourraient appeler la vie, "la vraie" (#auchan).

Ils diront peut-être également que je me suis perdu, mais je pense plutôt m'être trouvé, quelque part entre l'écran et le clavier, là où la fin n'existe pas, sur ce que les moldus appellent "la Toile" ou "l'Internet", appellations décédées depuis le début du millénaire.

L'appel du lingot en unique motivation, j'entamai la création d'une arnaque bien ficelée pour m'associer avec Ani afin d'encaisser quelques pièces – rien de faramineux, juste de quoi débuter correctement dans cette épopée numérisée.

J'avais décidé d'utiliser les compétences oratoires d'Ani, couplée à un "dysfonctionnement" de PayPal, la première banque numérique du monde, pour pouvoir élaborer ce que j'appelais la "méthode Viande".

Un seul prérequis : trouver une viande.

Une viande, c'est un moldu, c'est un type qui n'a aucune idée de la magie du numérique, il ne sait pas qu'Harry Potter et les apprentis sorciers font des merveilles à Poudlard grâce à une clef 4G et Tor ; quelqu'un qui utilise encore une seule main pour taper sur son clavier, il a découvert Snapchat et Twitter en 2016, il a deux comptes Facebook parce qu'il a oublié le mot de passe du premier, alors que son mot de passe est généralement soit sa date d'anniversaire, soit son prénom, suivi de sa date d'anniversaire.

Il utilise encore un téléphone fixe, il est en permanence émerveillé des prouesses du numérique mais inquiet pour le marché de l'emploi, bref, je pourrais continuer des heures : c'est une viande.

Petite viande ou grosse viande, tout dépend du nombre de fois où elle peut tomber dans le panneau. Une attaque mentale sur mesure peut rapporter gros, il s'agit simplement de trouver la viande prête à se faire égorger, lui prendre la patte jusqu'à l'abattoir, la rassurer tendrement de caresses sur le museau, puis, d'un coup ferme, terminus, carotide sectionnée, fin de la boucherie, on remballe.

Concrètement, on postait une annonce sur des sites comme Leboncoin ou eBay pour "vendre" un produit phare du moment : iPhone, iPad, BlackBerry, MacBook, qu'importe, du moment que la demande entraînait son lot d'acheteurs.

L'annonce est l'appât, elle doit sortir du lot.

Fixez un prix plus qu'attractif, mais pas trop quand même pour ne pas éveiller les soupçons, ajoutez un texte bien écrit, de jolies photos du produit, une facture à disposition et précisez que vous n'utilisez que PayPal comme unique moyen de paiement. Cela évite les pertes de temps. Puis attendez qu'une viande morde à l'hameçon.

Évidemment, Ani allait jouer le rôle du bourreau, c'était lui qui devait se charger du sale boulot, de convaincre la viande de payer via PayPal, qu'un Colissimo allait partir illico dès qu'on recevrait les euros sur le compte – moi, j'étais juste l'architecte.

L'arnaque était plutôt simple, elle reposait sur un "abus de confiance" de la part de PayPal. La faille concernait le fonctionnement de gestion des litiges de l'époque. Grossièrement, j'ouvrais un premier compte PayPal avec de fausses informations, et puisque, à l'époque, aucune vérification de quelque sorte n'était nécessaire, ce compte servait de mule : la viande envoyait son paiement dessus, puis l'argent était redistribué sur d'autres comptes PayPal.

Le temps que la viande découvre l'escroquerie, elle contacte PayPal, qui rembourse les sous perdus à la victime, puis se tourne alors vers le compte bidon pour essayer de récupérer l'argent – ce qui n'arrive jamais.

Pourquoi ? Parce que les trois autres comptes PayPal étaient tout à fait légitimes, donc, problème pour récupérer l'argent – de la même manière que si vous vous retrouvez avec un billet volé, ce n'est pas forcément vous le voleur, mais ça ne va pas vous empêcher d'aller faire vos courses avec.

PayPal tenait donc pour responsable l'utilisateur du premier compte qui avait reçu l'argent, l'avantage était qu'il n'existait pas. À moins qu'ils ne réussissent à retrouver Anne Naunime, cinquante-quatre ans, 13, rue du Porcasher, 75006 Paris.

Généralement, il y avait deux types d'acheteurs : celui qui raccrochait quand Ani lui expliquait qu'une rencontre était impossible à organiser et que le paiement se ferait uniquement par PayPal. Et celui qui prenait le temps de comprendre.

Le second était déjà à moitié piégé.

L'objectif était de rester naturel et d'apporter une réponse rationnelle à chacune de ses questions, de lui faire comprendre qu'il était protégé par les garanties de PayPal et que l'iPhone serait livré dès le lendemain.

Instinctivement, au bout du dixième appel, lorsque l'on demandait à Ani pourquoi il ne pouvait pas se déplacer pour vendre l'iPhone, il avait tout simplement improvisé et répondu qu'il avait un lourd handicap physique.

Pour l'éthique on repassera, mais c'était la réponse la plus adéquate au scénario, ça se greffait naturellement au plan. Qui plus est, ce petit mensonge permettait d'établir une connexion avec la viande, comme si, soudainement, la gêne que provoquaient ces quelques mots donnait place à une charité humaine, une bonté spontanée. Cruel, quand on connaît la fin de l'histoire.

Mais ni pitié ni remords, puisque PayPal couvrait la victime, au moins on se disait qu'on volait une grosse banque – bien plus prestigieux que d'avouer les longues heures de discussion téléphonique, les cartes SIM prépayées qu'on achetait en masse, les heures perdues dans les cybercafés à attendre de recevoir un paiement, et l'atmosphère malsaine qui régnait autour de ce projet.

En revanche, Ani, lui, n'en avait rien à foutre. L'arnaque, le handicap, il aurait pu se faire passer pour un mort ou pour le Christ, pour lui c'était pareil, il ne voyait que la faille chez son interlocuteur, concoctait son cocktail d'émotions, d'empathie, de sympathie, avec un soupçon d'humour, pour au final enivrer de confiance la viande.

Je ne sais pas si les gens sont crédules ou si Ani était particulièrement doué pour cette tâche, mais une chose est sûre : ça fonctionnait bien. On gagnait en moyenne trois cents euros par arnaque et, à chaque fois, on changeait de carte SIM et d'adresse IP, donc on multipliait les cybercafés, les bibliothèques, cafés, fast-foods avec un accès WiFi public pour fausser les pistes.

Tout ce qu'on avait à faire, c'était d'appliquer avec rigueur ces consignes de sécurité, et fermer nos gueules.

Normalement, une entreprise aussi influente et aussi puissante que PayPal, qui brasse des millions quotidiennement, n'est pas dans le rouge si elle perd trois cents euros par-ci, par-là. Pas de quoi s'inquiéter : elle revend la dette à une assurance qui tentera, elle, désespérément, de récupérer l'argent par le biais de procédures légales.

Le premier mois, on a fait mille deux cents euros, à raison d'une viande par semaine, on voulait absolument garder la tête sur les épaules, rester raisonnables, avoir un semblant de contrôle sur notre affaire.

Après le partage de la récolte, un 50/50 familial, je me retrouvai avec l'équivalent d'un demi-Smic facilement "gagné" à la sueur de mon clavier, sans véritablement causer de tort à qui que ce soit. Donc, forcément, comme tout bon apprenti criminel qui se respecte, on a rapidement cédé face à la pression du raz-de-marée d'argent facile qui se présentait devant nous.

Le seul petit inconvénient de la méthode Viande, c'est qu'au final vous ne vous retrouvez pas avec du cash mais avec des fonds sur Internet.

On a dû commencer à créer des comptes PayPal sous le nom de types de la cité, histoire de crédibiliser l'histoire, ce qui, deux mois plus tard, se révéla être une idée plutôt bénéfique, puisque les dealers du bloc voyaient en nous un moyen de blanchir un peu l'oseille du shit, d'avoir des sous pour faire des commandes sur Internet, tout bêtement.

Pour Ani et moi, c'était un moyen de disperser les fonds, de se laver les mains de cet argent sale et de récupérer des billets, tout aussi sales, ma foi, mais déconnectés de l'arnaque. Et au rythme d'une par jour, du lundi au vendredi – le week-end étant sacré –, au bout de quelques semaines d'échauffement, on a facilement franchi le cap des cinq mille euros par mois, joli chiffre, non ?

Selon moi, on aurait pu continuer comme ça pendant des années. Je ne suis pas sûr que d'extorquer des vieux soit un plan de carrière, mais toujours est-il que je gagnais plus qu'un HEC fraîchement sorti de l'usine.

Je me souviens parfaitement qu'à cette époque je stockais mon argent dans mon livre de chevet, dont j'avais découpé les pages pour créer un espace à l'intérieur. Cachette astucieuse pour y déposer une liasse, pratique pour déplacer de l'argent en toute discrétion.

Une arnaque après l'autre, le butin amassé grossissait, ma planque n'allait bientôt plus pouvoir supporter un billet de plus : j'allais devoir acheter un autre livre tandis qu'au quartier le bruit se répandait de plus en plus. Lorsque, un matin, le cousin d'un type que je ne connaissais même pas m'a arrêté dans la rue pour me parler de mon arnaque, j'ai réalisé que l'affaire s'était propagée au-delà du raisonnable, qu'on ne contrôlait plus rien.

Du coup, je l'ai joué prudemment. Au lieu de me cantonner à une arnaque qui allait me condamner, j'ai choisi de m'en détacher, en revendant la méthode aux grands d'un quartier de ma ville, qui, eux, en multipliant l'abattage de viandes allaient en abuser jusqu'à l'excès. Me permettant ainsi de me dissocier de tout cela à petit feu, de noyer le poisson, et dans cet enfer de végan, de disparaître.

Le lendemain matin, j'ai acheté un nouveau livre, [redacted] de [redacted], je l'ai lu le jour même pour pouvoir le charcuter le soir venu et y injecter les cinq mille euros que j'allais récupérer dans l'après-midi à la cité Anatole-France.

Belle journée en perspective : rester enfermé dans ma chambre à dévorer un classique de la littérature, se confronter au soleil l'espace d'un quart d'heure pour encaisser la somme convenue à la cité voisine, puis retour aux Sorbiers, bâtiment C, mon bloc, là où le marchand de glace vend de la neige, afin de pouvoir enfin éventrer les pages et sécuriser mes sous.

À l'heure du goûter, j'étais déjà rentré chez moi. La passation de la méthode Viande s'était déroulée à la perfection, sans doute grâce à Ani qui avait su trouver les mots justes pour expliquer l'intégralité du processus à nos acheteurs, me délivrant ainsi de toute responsabilité quant à la boucherie qu'allaient ouvrir les frères Smadja, heureux propriétaires du destin des viandes.

Ani, lui, avait fermé son abattoir. Il n'était pas très content de céder la méthode à un autre, mais confiant quant aux prochaines. À chaque nouveau coup, c'était une partie de lui-même qui s'éteignait. Plus il volait, plus il se détachait petit à petit de toutes les valeurs que la société nous implante dans le crâne depuis le berceau.

Pour lui, il n'y a ni bien ni mal, seulement les enculeurs et les enculés – un peu trop trash à mon goût, mais bon, en l'occurrence, pas besoin d'être Sherlock Holmes pour en déduire qu'il se faisait sérieusement baiser par la vie : il avait simplement décidé de changer de camp.

Pour ma part, j'avais mes deux livres, mes premiers dix mille euros, mon année de Smic gagnée en un trimestre, ainsi qu'un goût très prononcé pour l'argent facile, difficile d'avoir du recul quand tu peux gagner trois cents euros en vingt minutes. À la fin de la journée, j'avais acheté un troisième livre en prévision du prochain stratagème que j'allais élaborer.

Sauf qu'une fois la nuit tombée, alors que je m'apprêtais à vider le dernier compte PayPal, j'ai compris que je m'étais fait hacker.

Comme la plupart des gosses des années 90, j'ai grandi les yeux fixés sur un écran. Lorsque, pour la première fois de ma vie, j'ai perdu le contrôle de mon propre ordinateur, j'étais à la fois terrifié et fasciné.

Pour être honnête avec Toi, je distinguais vaguement ce que signifiait ce terme à l'époque. Comme la majorité des gens, j'avais une représentation faussée du hacker, la faute à Hollywood, je pensais simplement qu'un gros lard derrière son ordinateur avait réussi un tour de passe-passe similaire au mien, peut-être grâce à la magie de ses doigts gras sur le clavier, peut-être mon mot de passe deviné, bref, rien d'affolant.

Mon Dieu, comme j'avais tort.

[15:30] --- *Le K a rejoint le salon de discussion*
[15:31] *2 utilisateurs connectés (RABBIN DES BOIS) ; (*le K*) : mode dialogue activé

le K : j'ai jamais fumé de ma vie, mais j'aurais dû, ce que je viens de lire m'a donné le cancer
le K : pourquoi ne pas dire dès le début que c'est toi, Ani ?
le K : t'as passé ta vie à te faire passer pour quelqu'un d'autre, t'as pas envie d'être honnête un demi-instant ?
RABBIN DES BOIS : J'allais y venir, je gardais juste la révélation pour la fin, ça s'appelle le suspens, concept que tu ne connais toujours pas apparemment.
le K : ah, oopsie
RABBIN DES BOIS : Tu viens de spoiler la fin de mon histoire, là.
le K : erf
RABBIN DES BOIS : T'étais pas censée aller dormir ?

le K : t'as vraiment cru que j'allais aller me coucher juste avant le hack du siècle ?
le K : et c'est quoi au juste cette idée à chier de soudainement établir une feuille de route de tous les crimes que t'as commis
RABBIN DES BOIS : On en a déjà parlé, de toute façon c'est pas comme si quelqu'un allait pouvoir lire ce chatlog.
le K : toi et ton putain d'ego
le K : tu réalises que ce genre de singerie peut faire que tu finisses suicidé de deux balles dans le dos ?
RABBIN DES BOIS : Personne n'y aura accès, c'est un jour comme un autre après tout, non ?
le K : ton QI vient d'atteindre le 0 grâce à la dernière partie de ta phrase
RABBIN DES BOIS : Ferme-la, tu vois ce que je veux dire, y a rien qui change, ça ne t'empêchera pas d'être assise sur ton siège ce soir.
le K : t'as pris ton billet d'ailleurs ?
RABBIN DES BOIS : Pas encore, j'attends de voir ce que donnent les datas récoltées.
le K : tu crois qu'ils ont déjà remarqué ?
RABBIN DES BOIS : Peut-être, de toute façon, ça change rien, là je dois juste m'assurer que tout se déroule correctement.
le K : j'ai déjà un acheteur avec 2 bitcoins de budget, devine ce qu'il veut ?

RABBIN DES BOIS : Je sais pas, on en parle après, je suis un peu occupé là.
le K : un truc à cacher grand bandit ?
RABBIN DES BOIS : Pas vraiment, j'allais juste commencer à expliquer comment tu m'avais hacké.
le K : sérieusement ?
le K : après tout ce qu'on a fait ensemble, tu choisis de raconter cette histoire ?
RABBIN DES BOIS : Chaque chose en son temps.
le K : ok, monsieur l'horloger, mais n'est-ce pas plus logique que je la raconte moi-même ?
RABBIN DES BOIS : Je croyais que marquer le coup ne t'intéressait pas ? "Laisser une trace, c'est faire une erreur", c'étaient tes mots si je me souviens bien.
le K : et je le pense toujours
RABBIN DES BOIS : Alors quoi, t'as changé d'avis ?
le K : disons juste que, puisque sans moi t'en serais jamais arrivé jusqu'ici, rends à césar ce qui appartient à putain de césar, et laisse-moi écrire la suite
RABBIN DES BOIS : C'est pas forcément faux.
le K : c'est même putain de vrai, allez, bouge, fou mental
RABBIN DES BOIS : Tu réalises que fou mental est un pléonasme ?
le K : tu réalises que t'es chiant ?

RABBIN DES BOIS : Un chapitre, pas plus.
le K : tellement chiant

[15:37] --- *RABBIN DES BOIS a quitté le salon de discussion*
[15:37] ⋆1 utilisateur connecté (*le K*) mode solo activé⋆

Chapitre 3
2 + 2 = 5

[15:38] *1 utilisateur connecté (*le K*) mode solo activé*

sh@lom,

Wow, ça fait bizarre de parler toute seule.

J'ai quelque chose à te dire, mais, d'abord, une petite décharge de responsabilité concernant ce que t'as déjà pu lire. Je m'excuse pour tout cela, mon partenaire est un type bizarre, ses mensonges ont des mensonges, que ça soit clair, je te parle à toi, le hacker, le flic, ou pire, le lecteur qui un jour malheureusement tombera sur cette tentative de manifesto à vomir. Pas Dieu, Dieu, c'est le regard de mon chien, le Diable ses croquettes Royal Canin, ça va pas plus loin.

Mais je vais faire de mon mieux pour essayer de rectifier un semblant de vérité, et la vérité, c'est que t'es perdu.

Perdu entre ce que tu *penses* être, ce que tu *voudrais* être, et la personne que tu *es* vraiment, t'es schizophrène à 100 % mais je ne vais pas te vouvoyer pour autant.

Perdu dans un labyrinthe de merde que tu tolères du moment que tu n'en sens pas l'odeur. Tu te contentes amplement du simulacre, du semblant, du fake, tu vis dans un monde dont tu ne connais rien et pourtant t'agis comme si t'avais tout compris, t'es dans la désillusion la plus totale, tu bois leurs paroles, leurs discours, leurs promesses jusqu'à t'enivrer d'illusions, t'es un pantin, une marionnette, un pion sur l'échiquier, un esclave volontaire.

Si ça suffisait pas, t'es persuadé que tu peux vraiment devenir quelqu'un, "être heureux", "réussir", "réaliser tes rêves", toutes ces conneries de psychologie de bar-tabac qui t'induisent à penser que t'es unique, spécial et différent.

Ils branlent ton ego à tel point que tu ne te rends même pas compte qu'ils te vendent une version utopique de toi-même, ton prétendu futur est prémédité et conditionné au bout d'une chaîne, ils te font comprendre que t'as juste besoin d'une mise à jour, de croire en toi, et si jamais tu tombes, surtout te relever rapidement et foncer tête baissée. Aie foi en toi, t'es pas fait pour vivre dans la moyenne, finir sous Xanax avant trente ans, c'est pas pour toi, tu vaux mieux que ça :)

T'es formaté, tellement formaté que t'as sans doute dû regarder ton téléphone trois fois dans la même minute pour éviter de lire ces mots difficiles à avaler, t'es à deux mots clefs de me classer dans la catégorie complotistes ou illuminés, tu mâches leur travail, pas besoin de réflexion, t'es juste une enveloppe corporelle définie par ta gueule, par ton nom, par ton job, par tes potes, par ton vote, par ton fric, par qui te suce, par qui te tue.

Quelque part, c'est même pas ta faute, ils t'ont volé ton mojo, t'es plus qu'une pâle copie d'une bêta version de toi-même, t'es comme la majorité des gens, t'es fade.

La vérité, puisqu'on en parle, c'est que t'es

(encrypted_security_reasons) :

Un rat d'égout dégoûtant ragoûtant du ragoût, radotant des ragots de héraults déroutants, râlant quant aux rapts de raies du royaume.

Les rations récoltées se ratatinent, rien de plus pour ratifier une ratisse des réserves du Roi des Rats.

Raoul, le rat raciste rural, ratissait les rues de Ratville recherchant ristournes et rabais, et rencontra Rachel.

Rachel, rat rabat-joie, irradiait de rots radieux ruelles et ronds-points.

Raoul réalisa que Rachel représentait une racaille rachitique, ainsi, il ne rechignerait pas à riposter en cas de racket, tel un raptor rapide il rongerait la rate de Rachel jusqu'à son râle.

Rassuré, Roger repensa au Roi des Rats, riche et radin, qui ricanait de la rareté des rations.

(end_of_encryption)

En bref, t'as peur.

Ils ont tout fait pour que tu ne voies pas que monsieur Seguin suit la chèvre, que la démocratie d'hier est le fascisme d'aujourd'hui, et ça fonctionne.

Les religions étouffent la spiritualité, les gouvernements entravent la liberté, les universités séquestrent le savoir, les médias travestissent l'information, et la justice, eh bien, la justice n'existe plus depuis bien longtemps.

Ils te font choisir un personnage, t'es soit Rachel, soit Raoul, en espérant pouvoir te faire garder tes œillères le plus longtemps possible, ils créent l'opposition et l'antisystème pour t'éloigner au maximum de cette prise de conscience.

Si tu as une once de lucidité, t'es déjà au parfum de ce bourbier putride, t'avales simplement la chiasse qu'on te projette sur le plasma, et t'es déjà sous Xanax, survivant comme tu peux en essayant de trouver une raison de respirer.

Je suis là pour te dire que j'ai trouvé une solution à tes souffrances inexorables, pour purifier ton âme.

J'en ai presque oublié de me présenter, mes excuses, Milady, tu peux m'appeler *le K*, comme les céréales, mais je ne suis pas spéciale, je suis juste le monstre de la chose que tu appelles société, engendré le jour où le World Wide Web, le fameux "trois double-vé" – au cas où tu vivrais dans une grotte –, a finalement vu le jour.

Je suis un hacker, et si tu ne sais pas ce que signifie ce terme, tu devrais sans doute retourner hiberner dans ta grotte, être un hacker, c'est voir quelque chose de cassé et ne pas pouvoir s'empêcher de ne rien faire, soit tu l'exploites, soit tu le répares, mais impossible d'ignorer ce dysfonctionnement et de le laisser comme tel.

Si t'es inspecteur Gadget, t'as déjà compris que la chose cassée en l'occurrence illustre la société, donc on parie contre le système, on mise all in contre le casino, David, Goliath, tout ça tout ça, mais surtout de l'analyse rigoureuse et créative jusqu'à trouver un incipit de fissure dans cette structure, puis creuser, violemment, afin de détenir à portée de clic le droit de vie ou de mort du système, et tout comme David, gagner le combat.

Principalement parce que ton monde est révolu, l'âge du capitalisme s'est numérisé, pixelisé, c'est le règne de l'écran désormais, l'ère des bits, et t'auras beau en avoir manié beaucoup, ou pas, au royaume du clavier, les hackers sont rois, ou reines :)

Les hackers sont une force d'influence, sociale, politique et militaire, en groupe ou en solo, qu'importent le pays, les croyances, les différences, ensemble on façonne le théâtre du XXIe siècle comme des artisans du futur.

Et l'addition est salée, puisque, au cours des dernières années, on nous a attribué le rôle du grand méchant loup, les gens ont peur de nous, mais si tu pouvais lire la boîte mail de ton ex ou ajouter un zéro sur ton compte bancaire, ne le ferais-tu pas ?

Le truc concernant le hack est que les hackers ne parlent pas à la presse, donc ce que tu lis dans la presse est bien souvent très éloigné de la réalité, du Far West que représente Internet, des vies que ça peut détruire ou changer à tout jamais.

Tu passes dix heures par jour devant l'écran, mais t'es quand même déconnecté de toute réalité, il existe une guerre que tu refuses de voir qui se déroule actuellement pour contrôler Internet dont les acteurs sont les gouvernements, les lobbys, les banques, la Silicon Valley, les Illuminati, les connards qui croient à la dernière catégorie, et les miens, les hackers.

C'est juste une putain de course, pardonne la vulgarité, mais j'ai pas ton temps, car, au cas où tu ne l'aurais pas remarqué, les objets de ton quotidien se connectent de plus en plus, dans cinq à dix ans ta maison sera smart, ta voiture aussi, même ton putain de vibro sera connecté à Internet pour observer tes performances vaginales, ce qui signifie qu'à un certain moment il n'y aura plus un seul instant, un seul objet, une seule action qui ne sera pas connecté, et ça, c'est l'essentiel, le mot smart est synonyme de vulnérable, aucun système n'est impénétrable, une fois connecté t'es une proie, c'est l'inverse des voies du Seigneur, une autoroute vers l'intrusion, un viol pleins phares.

Sur le plan de la cybersécurité, il n'existe aucun logiciel parfait, aucun site assuré de protection illimitée, chaque ligne de codes est vouée à être étudiée, démantelée, et si possible exploitée, ce qui alimente une guerre sans fin.

La data est le nerf de cette guerre, avec l'argent, partiellement, donc en 2017 ta vie vaut moins que les données que tu produis, faut s'y faire, Lucifer vocifère, à chaque clic et à chaque frappe de clavier que tu effectues, tu leur donnes un coup d'avance sur toi – pour mieux te manger, mon enfant.

Le code, c'est l'accès à la création dans sa forme la plus pure, une alchimie de réflexion et de persévérance qui, une fois maîtrisée, t'accorde le droit de devenir Midas 2.0, un afflux de possibilités au potentiel infini au bout de tes doigts.

Pouvoir faire le bien, le mal, même si ces deux notions ont tendance à ne faire qu'un dans mon monde.

Si tu ne sais pas coder, t'es pas un hacker, juste un afficionado du mode de pensée, de la même façon qu'on pourrait dire que Sarkozy n'est pas un hacker mais il a quand même royalement hacké la justice française.

Je n'ai pas honte de dire que j'ai choisi le côté obscur de la force, je ne fais aucune différence entre mon virus et une application qui récolte tes données en permanence, leur permettant de déterminer tes préférences, tes fréquentations, tes envies, tes peurs, tes besoins, à tel point qu'ils peuvent prédire ton prochain comportement, ta prochaine clope, ton prochain mec, ton prochain swipe, jusqu'à pouvoir te cloner digitalement, comme Tinder :)

Si t'avais lu ces quelques mots avant de condamner ton existence à une autre vocation, t'aurais pu être heureux, je suis peut-être morte à l'intérieur mais, au moins, je sais qui je suis, pas sûr que tu puisses en dire autant, et si tu m'avais fait confiance, comme RABBIN DES BOIS par exemple, t'aurais eu la même transformation de vie que lui.

Lorsque je l'ai recruté, c'était un petit juif errant de banlieue parisienne, un vendeur de vent, un marchand de temps, un arnaqueur en herbe.

Désormais, il est millionnaire en bitcoins, multi, si le prix du bitcoin continue de grimper, et d'une façon ou d'une autre au cours de son parcours il a réussi à exploiter diverses failles dans des entreprises majeures comme BlackBerry, Amazon, PayPal. Il se pourrait même qu'il détienne les données de Sciences Po Paris et d'autres grandes écoles, d'un CHU, d'une caisse des écoles d'un arrondissement huppé de Paris, et peut-être même les tiennes.

En 2016, il faisait partie de l'équipe chargée d'établir une attaque DDoS sur le site des jeux Olympiques de Rio, cinq mille dollars par jour, fais le calcul fiston, pendant que t'écoutais la voix à se taillader les veines de Nelson Monfort et que tu zappais entre la 2 et la 3, il devenait riche.

En l'espace de cinq années, il a côtoyé des centaines de hackers, orchestré et exécuté des dizaines de hacks, alors je te laisse imaginer de quoi je suis responsable sachant qu'il était mon apprenti Jedi, et si un jour toi aussi tu sens un trouble dans la force, la hack life sera là pour toi :)

[06:06] --- *Le K a quitté le salon de discussion*

[06:06] ⋆0 utilisateur connecté, mode veille activé⋆

Chapitre 4
Catabase

[16:20] --- RABBIN DES BOIS *a rejoint le salon de discussion*
[16:20] *1 utilisateur connecté (RABBIN DES BOIS) mode solo activé*

Voilà, c'était *le K*, en chair et en pixels.

Elle pique un peu, Tu as dû remarquer, mais crois-moi, un esprit comme le sien, il n'y en a qu'un quart par décennie, et je peux te confirmer qu'elle a eu au moins raison sur un point : sans elle, j'aurais probablement très mal tourné, si ironique que cela puisse paraître.

Je ne connais ni son identité ni son visage, j'entends simplement sa voix fluette une fois par an, à chaque fois moins d'une minute, principalement pour des raisons protocolaires – afin de s'assurer mutuellement qu'on parle à la bonne personne. Puisque, après tout, *le K* pourrait aussi bien s'appeler Jean-Claude, trente-deux ans, quatre-vingt-dix kilos, hygiène non homologuée, Tinder loser affalé dans son canapé, me manipulant totalement depuis cinq ans avec une attaque mentale de niveau 15.

Même si je ne l'ai jamais vue, je lui fais aveuglément confiance – c'est l'inconnu que je connais le plus. Si le sort de ma vie devait être remis entre ses mains, qu'elles soient manucurées ou joufflues, je serais serein.

Elle est l'une des seules personnes qui comptent pour moi, toujours présente, toujours connectée, ça peut paraître bizarre, c'est juste une ligne sur mon écran, mais c'est mon Lapin blanc, mon guide au pays des merveilles.

Elle n'a même pas pris le temps de t'expliquer pourquoi elle m'avait choisi, quelle déception. Pour faire court, après m'être fait hacker, j'ai acheté un nouvel ordinateur, le précédent n'avait pas survécu au courroux du *K*.

Après une demi-heure d'appel avec le support client de PayPal, dont la moitié à écouter une musique d'attente qui rendrait presque audible Francis Lalanne, j'ai pu récupérer l'accès à mon compte et constater que l'argent avait été envoyé vers l'adresse email suivante : marinelependeprison@gmail.com

J'ai d'abord explosé de rire, puis c'est devenu beaucoup moins drôle lorsque j'ai vu le – 2 000 € en rouge pourpre qui brillait sous mes yeux, rouge sang même, le mien.

Au début, j'ai un peu culpabilisé, j'essayais de comprendre quelle erreur j'avais commise, comment elle avait pu m'infecter, mais je ne connaissais alors rien de son univers – comme elle l'a dit, j'étais juste sa viande.

Puis, comme beaucoup de viandes, j'ai fait quelque chose de stupide, le genre irresponsable, avec un taux de débilité à t'enlever la santé, et pourtant, grâce à cet éclair de connerie, ma rencontre avec *le K* a pu se produire.

Un mois avant de me faire hacker par *le K*, j'avais réussi à inventer une méthode pour clôturer un compte PayPal. Je l'avais testé deux fois, la première ça avait marché, la seconde, les fonds sur le compte se sont gelés et impossible d'envoyer ou de recevoir de l'argent pendant six mois.

Du coup, dans un élan irréfléchi, j'ai utilisé ma méthode pour rendre inaccessible le compte du *K*, celui qui correspondait à l'adresse email, celui qui avait reçu les fonds.

Je me disais que, si je n'avais pas mes sous, personne ne les aurait, un raisonnement made in 94 – et un conseil : évitez de casser les couilles d'un hacker, ça n'en vaut pas la peine, personnellement j'ai eu droit à un remake des dix plaies d'Égypte pour avoir un peu trop pris la confiance.

Le premier soir, le téléphone fixe de la maison n'a pas arrêté de sonner. Lorsque je décrochais, l'appel s'arrêtait. La seconde d'après, la sonnerie retentissait de nouveau.

De quoi rendre fou. Au bout du vingtième appel, j'ai débranché la ligne sous le regard soucieux de mon père.

Le lendemain matin au réveil, j'ai allumé mon téléphone portable que j'avais pris soin d'éteindre avant de dormir, juste au cas où. Bilan : cinq cents appels manqués, plus d'un millier de SMS, apparemment j'étais un "beau black chétif" sur un site de rencontre avec une libido insatiable, je vendais un iPhone 4S pour cinquante euros, et j'avais besoin d'une baby-sitter en urgence.

Mon téléphone est mort le même jour, c'était un BlackBerry – encore un soldat parti trop tôt, RIP.

Le deuxième soir fut le plus mémorable. C'était un vendredi soir, synonyme de shabbat chez moi, et lorsqu'un livreur avec ses quinze pizzas pepperoni supplément salami s'est pointé sur notre paillasson, mon père s'est légèrement agacé.

Puis l'irritation s'est transformée en colère, à peu près au moment où le livreur l'a regardé droit dans les yeux en lui expliquant qu'il fallait régler la note. Une discussion houleuse parsemée d'insultes s'est ensuivie, dans une simultanéité gestes/mots digne d'une chorégraphie de Kamel Ouali.

Mon père maintenait un répertoire d'insultes riche et fourni, alternant l'arabe et le français, tout en brandissant sa chaussure comme une arme potentielle avec laquelle défoncer la gueule du livreur qui tardait à comprendre que nous n'avions jamais commandé cette armada de saucisses-mozza.

Le pire dans tout ça est que mon père pense encore à ce jour que le livreur avait un problème avec nous, il ne sait toujours pas que c'était une mauvaise blague du *K*.

Avec du rien, elle avait engendré un début de chaos dans mon monde, envoyer une quinzaine de pizzas au porc un soir de shabbat, c'est du troll de très haute voltige, en y repensant, elle aurait pu faire pire, mais c'était suffisant pour capter mon attention, égayer ma curiosité, sans m'effrayer pour autant.

Le jour d'après, j'ai reçu un SMS qui disait :

– Tu veux que ça s'arrête ?

J'ai répondu immédiatement. Premier contact depuis le début du fléau des dix plaies, j'avais déjà enterré un téléphone, le sang-froid de mon père, ça pouvait vite dégénérer, donc j'ai dégainé le drapeau blanc.

Dans la minute qui a suivi, j'ai reçu un nouveau message me donnant les instructions pour installer un logiciel de messagerie instantané, Pidgin, qui, malgré son icône de pingouin enfantin, est en fait le logiciel phare pour communiquer en temps réel avec une autre personne de façon sécurisée.

Il y a dix ans, le nombre d'utilisateurs de Pidgin était déjà estimé à trois millions de personnes. S'il est si populaire, c'est parce qu'il propose une multitude de méthodes de communication, comme MSN messenger, Yahoo messenger, mais surtout, XMPP, qui est un ensemble de protocoles pour la messagerie instantanée.

Après avoir créé une adresse XMPP, j'ai ajouté l'adresse indiquée dans le texto : k@xmpp.jp

Ce qui rend Pidgin spécial, c'est son module OTR, "Off The Record". Si tu saisis pas le concept, dis-toi que ta conversation se déroule à huis clos, personne ne peut lire cet échange, à moins que ton ordinateur ne soit infecté. Qui plus est, la discussion est chiffrée de bout en bout, rendant presque impossible l'interception de cette dernière.

J'allais te résumer la conversation, mais je l'ai gardée en souvenir. Et puisque d'ici à demain j'aurai supprimé ces données, autant les ressortir une ultime fois :

[01/07/2013] [13:37] k@xmpp.jp & Pizzasansporc@xmpp.jp

le K : pas mal le pseudo 1/10 pour l'effort
le K : bon tu veux que ça s'arrête
PIZZASANSPORC : Oui, volontiers.
le K : t'es conscient que c'est illégal de mettre des majuscules et des points dans tes phrases
PIZZASANSPORC : Ça fait plus professionnel.
le K : ridicule réveille-toi, qui met des cédilles à un c majuscule en 2013
le K : bref, si tu me rends un service, j'arrête de pourrir ta vie, j'ai besoin de savoir d'abord comment t'as fait pour fermer mon compte PayPal ?
PIZZASANSPORC : Tu crois vraiment que je vais te le dire ?
le K : tu peux le refaire ?
PIZZASANSPORC : Qu'est-ce que ça peut te foutre ?
le K : le ton, jeune homme, le ton, tu peux perdre ta vie bêtement
le K : on recommence, est-ce que tu peux le refaire ?
PIZZASANSPORC : Oui, mais je vois pas ce que ça vient faire dans l'histoire, je veux juste que tu me laisses tranquille.
le K : t'as 3 de QI ou quoi ? je veux que tu fermes un compte PayPal pour moi
PIZZASANSPORC : C'est une blague ?

le K : si t'arrives à clôturer un compte pour moi, je te rends 500 €
PIZZASANSPORC : Et tu vas faire comment pour les récupérer sachant que j'ai clôturé ton compte ?
le K : ok t'as vraiment 2 de QI, t'as cru que j'avais laissé l'argent sur le compte je l'ai déplacé dans la minute qui suivait
PIZZASANSPORC : Donc tu veux que je te rende un service pour récupérer un quart de ce que tu m'as volé ?
le K : enfin, il comprend, quel miracle
PIZZASANSPORC : Et pourquoi je ferais cela ?
le K : parce qu'autrement c'est pas des pizzas que tu vas recevoir ce soir mais des corbillards
le K : et surtout une fois ton ordi infecté j'ai vu que t'étais fourré dans de beaux draps, pas mal tes scénarios d'arnaques, mais pour la sécurité on repassera, évite de mettre ça dans un fichier texte la prochaine fois
le K : en gros t'as un choix à faire, soit t'essaies de jouer au gangster que t'es pas, dans ce cas-là c'est pas ton réveil qui va te réveiller demain matin si tu vois ce que je veux dire :)
le K : soit tu fais ce que je te dis et tu récupères un peu d'argent, voire la totalité, 500 € par compte fermé, c'est mon offre

PIZZASANSPORC : T'as les adresses email des comptes en question ?
le K : bah voilà t'es raisonnable :)
le K : je t'envoie ça

Une heure après, le compte était inaccessible, j'avais dû improviser une histoire, mais une fois l'appel avec PayPal fini, je m'étais précipité pour en avertir *le K*, qui, dans les cinq minutes, m'envoya cinq cents euros comme promis sur mon nouveau compte PayPal, en provenance de l'adresse email : marinelependemort@gmail.com

J'étais surpris que *le K* tienne sa parole, persuadé que je n'allais jamais revoir la couleur de mes billets je souhaitais juste m'éloigner au maximum de ce personnage et retourner à mes arnaques.

Le contraire s'est produit. En honorant sa promesse, elle avait instauré un semblant de confiance. Rien ne l'obligeait à me payer, elle avait toutes les cartes en main.

Donc on a recommencé, et, au final, elle m'a remboursé en intégralité mes deux mille euros. En quatre appels téléphoniques, j'avais réussi à récupérer la somme qu'elle m'avait dérobée une semaine auparavant.

J'étais prêt à passer à la suite, mais *le K* en a décidé autrement, je ne l'ai su qu'un an après, mais les comptes PayPal clôturés appartenaient en fait à quelques-uns de ses ennemis. La méthode marchant plutôt bien, elle voulait absolument vendre ce service sur le darknet, plus précisément sur Evolution Market.

Sans entrer dans les détails techniques, un darknet est un réseau sur un autre réseau qui favorise l'anonymat en priorité, le plus connu étant Tor, développé par l'armée américaine et bizarrement rendu accessible au public.

On compte deux millions d'utilisateurs par jour, principalement des criminels, mais aussi des citoyens soucieux de préserver leur anonymat, des journalistes, et, évidemment, des hackers.

Il existe d'autres darknets comme Freenet ou I2P, mais ils ne sont d'aucune utilité à notre histoire, chaque darknet a sa particularité, certains sont même inaccessibles et destinés à des usages gouvernementaux.

Le deepweb, en revanche, désigne la portion d'Internet non indexé par les moteurs de recherches comme Google ou Firefox, la légende voudrait que le deepweb représente 96 % de l'intégralité du web. Le terme darkweb est quant à lui un néologisme, un mot clef souvent utilisé par la presse "putaclic", introduit depuis peu.

Concrètement, c'est un autre univers, et ce que *le K* me demandait était un sérieux engagement.

Elle voulait vendre dix exemplaires de la méthode afin de ne pas saturer le marché, à deux mille euros la copie : un quart pour moi, le reste pour elle.

J'avais besoin de temps et de réflexion, tout ce que je savais, c'est que je ne voulais pas prendre de risques inutiles. J'ai demandé une semaine avant de rendre ma décision.

J'ai commencé à me documenter pour savoir dans quoi je pouvais potentiellement me lancer, et j'ai fini par atterrir sur le site en question sur lequel était *le K*, Evolution Market.

La découverte de ce site a changé ma vie, j'ai eu un déclic, une épiphanie, et ce n'étaient ni les drogues ni les armes qui m'illuminaient, mais la perfection du fonctionnement de ce marché.

Pour devenir vendeur, il fallait payer cent dollars en bitcoin.

Chaque vendeur avait un niveau de confiance mesuré par la réussite de ses transactions, ainsi qu'un niveau de ventes (le nombre de ses opérations).

Ces deux curseurs représentaient la crédibilité et la puissance du vendeur, de 1 à 10, cette échelle établissant une hiérarchie claire entre les gros poissons, comme un vendeur 10/10, et un vendeur 1/2, qui aurait débuté dans le milieu, par exemple.

En plus de cela, tous les membres pouvaient prendre connaissance des transactions d'un vendeur sur une année. Il y avait même une section pour donner son avis, avec une notation sur cinq étoiles, comme sur Amazon ou eBay.

Un vendeur vous avait arnaqué ? Vous pouviez l'écrire sur son profil.

La commande était arrivée en avance ? N'hésitez pas l'indiquer dans un commentaire.

Evolution, ou Evo pour les connaisseurs, était un hypermarché de délits.

J'en avais profité pour cliquer sur le profil du *K* : avalanche de cinq étoiles sur son profil, de commentaires positifs et de remerciements. Dans son rayon, elle vendait majoritairement des cartes bancaires, des bots, des logiciels, ainsi qu'un service de DDoS pour faire crasher un site Internet pendant une durée définie par l'attaquant.

Il y avait aussi un forum où chaque section de vente trouvait sa sous-section de discussion appropriée : un pour la fraude, un pour la drogue, un pour le hack, un pour les armes et ainsi de suite.

Ce qui rendait spécial Evo, c'était sa diversité. Avant qu'Evo ne devienne le market numéro un existait Silk Road : "meilleur market" jusqu'à ce jour, mais 70 % des ventes étaient consacrés à la drogue.

Evolution n'avait que faire du tort que la plateforme pouvait causer à autrui, les seules interdictions en termes de sphères étaient la pédopornographie et le terrorisme.

En conséquence, Evo est devenu le refuge de la crème du crime : de la fraude bancaire aux vols de datas, de la revente de comptes hackés aux botnets, du DDoS à la vente de 0day… Le site est rapidement devenu leader grâce à la multitude des péchés proposés.

À l'époque évidemment, je ne savais pas tout cela, je ne savais même pas que l'arrestation de Ross Ulbricht, que *le K* considérait comme son maître à penser, et la fermeture du marché par le FBI avaient entraîné sa radicalisation – son hacktivisme.

Car l'autre face cachée de ce monde – mis à part le crime –, c'est le courant de pensée libertaire et crypto-anarchiste qui l'alimente : le libre arbitre est maître.

Tu peux t'injecter la mort dans les veines ou décider de vendre cette mort, ils t'accueilleront. Libre à toi de te livrer à tes idées les plus folles, du moment qu'elles ne sont déterminées que par toi. Tu veux vendre plus qu'Escobar ? Prends un ticket et fais la queue, c'est par ici, car les marchés du darknet ont généré un océan d'opportunités qui, dix ans plus tôt, était réservé à des organisations criminelles et aux réseaux organisés. Désormais, n'importe qui peut prétendre s'asseoir à la table.

Ça faisait déjà une semaine que je parlais quotidiennement avec *le K*, elle était connectée en permanence, tous les jours je voyais défiler les nouvelles commandes qui s'ajoutaient à son profil sur Evo, et plus je discutais avec elle, plus je commençais à l'apprécier et à partager sa vision des choses.

Initialement, je pensais que ce n'était pas pour moi, mais je me suis fait avoir comme les autres, je me suis laissé séduire violemment par le chant du clavier. Cet appel d'un autre monde comblait un vide.

Un soir de juillet, il y a dix ans, j'ai fait un rêve. À ce jour, je ne sais toujours pas si c'était un simple rêve ou un cauchemar, pendant un moment j'ai même cru que Tu m'envoyais un message. Peut-être une prémonition, peut-être que ces choses ne font qu'une, j'en ai toujours aucune idée.

Lorsque cela s'est produit, j'ai entendu une voix, la voix d'une femme, elle continuait de répéter sans cesse mon nom comme si elle essayait de m'appeler. À mesure que le temps défilait, sa voix s'intensifiait, mon nom retentissait de plus en plus fort, mais le ton n'était pas agressif, il y avait une lueur d'inquiétude et d'urgence qui ressortait.

Je ne sais pas combien de temps cela a duré, mais le crescendo incessant de cette voix devenait insurmontable, et lorsque ce chant terrifiant a atteint son paroxysme, j'ai aperçu l'espace d'un instant son regard terrifié : la voix ne criait pas de rage mais de peur, comme un appel à l'aide. Puis, soudainement, tout a commencé à s'estomper jusqu'à ce que la voix se dissipe complètement.

Au lever du soleil, ma mère était morte ; trois jours après, c'était son corps qu'on levait pour l'enterrer – perturbant.

Ne te fais pas d'illusions, ce qui m'a défoncé, c'est bien le rêve, pas sa mort.

Tu finis par oublier son visage, sa voix, ses yeux, mais le rêve, lui, il est toujours là.

Je te parle du genre de rêve d'une vivacité si extrême qu'il en vient à te faire douter de la réalité : lorsque tu meurs dans un rêve, par exemple, ou qu'on te jette depuis le haut d'un immeuble, tu sursautes, tu bondis, et, parfois, tu te réveilles.

Pour moi, c'était la même chose, sauf qu'à la fin du rêve elle était morte, et lorsque je me suis réveillé, elle était toujours morte.

La question que je me pose maintenant est : Suis-je toujours en train de rêver ? Ou es-Tu là avec moi quelque part dans ce vide ?

Tard le soir parfois, j'entends Ta voix me chuchoter que tout cela n'est pas réel, que la réalité de l'un est la folie de l'autre.

C'est comme ça que j'en suis arrivé à la conclusion que j'avais besoin de la hack life, la religion du *K*, ce mode de vie me paraissait d'une justesse évidente, il comblait chez moi ce vide. En transitant du 0 au 1, j'étais plus sûr d'exister vraiment, je cherchais une raison de respirer – j'en avais trouvé une. Avant, j'étais mort, désormais j'étais mort-vivant.

Mon objectif était d'accumuler avant trente ans suffisamment d'argent pour pouvoir me réveiller sur n'importe quel continent de la planète. Je voulais juste m'endormir avec une vue qui t'empêche de fermer les yeux et émerger avec une autre qui vaut la peine de les ouvrir.

Grossièrement, je voulais faire cent mille euros par an. Inutile de t'expliquer que j'ai donné mon accord au *K* pour qu'elle mette en vente ma méthode sur Evo, je n'étais pas spécialement enchanté de ne toucher qu'un quart des recettes de ma propre création mais, sans *le K* et son profil de vendeur quasi parfait, cette méthode n'aurait jamais eu de visibilité : fallait bien commencer quelque part.

L'accord tacite que j'avais avec elle était qu'elle allait m'épauler et me guider dans ma réorientation professionnelle, en échange de quoi je lui fournirais des idées de temps à autre.

À ce moment-là, j'ai aussi décidé de déménager. J'allais m'engager dans un choix de vie qui pouvait mal tourner ; j'ai été bien élevé, on m'a appris de ne pas ramener la police à son père.

Donc, je suis parti chez mon grand-père.

Après tout, il avait survécu à la déportation, à la mort de ses deux filles et de sa femme, c'était pas une éventuelle perquisition au sujet de son petit-fils qui allait le claquer.

C'est un monument de vie et d'épreuves surmontées, venu d'un autre temps qui ne siphonne pas le débit de ma connexion Internet ; il représente une page de l'histoire vivante. À chaque fois que je vois son visage, cela me rappelle que vivre à travers un écran n'est pas sensé.

Chevilly-Larue n'était plus la ville dans laquelle mon père avait grandi. L'énergie du melting-pot de l'immigration qui veut s'en sortir était toujours présente, mais la génération d'après – ma génération – n'était pas prête à accepter l'inimaginable : travailler pour gagner de quoi survivre le mois d'après, manque de respect évident ; un mois de ta vie pour le prix d'un iPhone 7S 256GO, étrangle-moi par pitié. Le déterminisme social existe, la pomme ne tombe jamais bien loin du pommier, c'est ça leur proverbe à la con. Ils ont donc fini par comprendre que le prix de la paix était l'élection du Nobel de la drogue.

L'égalité des chances est truquée. Si j'avais jeté leurs dés, j'aurais fait un score médiocre. On m'a conseillé un CAP électro-boucherie, ça recrute pas mal à ce qu'il paraît. Je plaisante, mais j'espère que tu saisis, ici, c'est la misère, donc, lorsque l'occasion de se tirer à Paris s'est présentée, je n'y ai pas réfléchi à deux fois. D'une part, parce que tout le quartier savait que j'étais impliqué dans des histoires pas très catholiques, d'autre part, parce que l'anonymat est un organe vital du bon déroulement de la hack life. Le minimum est de dissocier totalement votre existence numérique de votre véritable identité, et pour cela, j'avais besoin d'appuyer sur la touche *reset*.

Chapitre 5
Database

Une fois installé chez mon grand-père, j'ai dit au *K* que j'étais prêt.

Elle m'a répondu très sèchement que j'étais loin d'être mûr pour la hack life – apparemment, on ne la choisit pas : c'est elle qui te choisit.

Le premier prérequis avant de pouvoir espérer tutoyer son style de vie est de bien assimiler que tu n'existes plus. Il faut n'être personne pour pouvoir devenir quelqu'un, le phénix doit renaître de ses cendres – avec une nouvelle identité.

La deuxième étape concerne l'anonymat. Le web visible, ou clear net, est un éternel gisement d'informations à miner, on pourrait en discuter des heures, mais concrètement : il est à éviter au maximum. Certains outils sont également nécessaires pour diminuer drastiquement les risques de se faire démasquer ou arrêter, il te faut : Tails, deux VPN, un VPS, et connaître le minimum syndical des notions d'OPSEC – comprendre Sécurité Opérationnelle. Si tous ces termes ne te parlent pas, Google t'expliquera. On n'est pas en train d'écrire un *Comment devenir un hacker pour les nuls* là, mais grossièrement : tout cela a pour but de préserver ton anonymat et ta vie privée. Pourtant le risque zéro n'existe pas, l'anonymat absolu est un luxe que seule une poignée de personnes peuvent s'offrir – personne n'est invisible.

Une fois mes arrières assurés, *le K* m'a fait comprendre qu'il était temps que j'apprenne à coder. Hors de question pour elle de me tenir par la main sur la route du Graal, donc je suis entré dans ce que j'appelle la salle du temps – référence à Dragon Ball Z, un endroit où les personnages s'entraînent pour vaincre leurs ennemis les plus puissants. Un jour passé là-bas équivaut à une heure sur Terre, pratique pour décupler ses forces. Pour moi, c'était ma chambre de dix mètres carrés dans laquelle je me suis enterré pendant une année, muet tous les jours de la semaine excepté pour le dîner du soir d'une durée de quinze à vingt-trois minutes avec mon grand-père.

Douze heures par jour devant l'écran, absence totale de vie sociale, plus de téléphone, pas d'amis, pas de parents.

Je me suis même calé sur le rythme de sommeil du *K*, je me levais à sept heures tous les matins et j'arrêtais à minuit quand les pixels me piquaient les yeux, parce que j'avais pas de vie, mais j'en voulais une.

Plusieurs étapes dans cet apprentissage sans fin. Il existe une multitude de langages de programmation qui ont chacun leurs spécificités et leurs avantages. J'ai commencé par le C, je voulais coder des malwares – virus. J'ai eu mes premières fois, comme tout débutant : mon premier virus, mon premier RAT, mon premier botnet.

Le problème, c'est que cette activité est très chronophage et que je n'avais aucune source de revenus pendant ce temps-là. Qui plus est, *le K* avait dix fois mon niveau en code, pratiquement bilingue en C, en C++ et en Python, elle avait des connaissances et des bases plus que solides dans la quasi-totalité des langages de programmation.

À quoi bon m'acharner à espérer atteindre un niveau qui paraissait si lointain et inatteignable, j'en avais marre, ça faisait déjà six mois que je bouffais quotidiennement des lignes de codes jusqu'à en vomir, et lorsque je ne codais pas, je m'informais sur l'actualité de ce nouveau monde, de mon nouveau chez-moi. Il y a certains sites d'informations à connaître, certains forums et Reddit.

De plus, tout s'achète sur les darknets markets. Pas besoin de savoir coder, du botnet pourri, vendu cinquante dollars, à Panda, le botnet le plus cher, proposé par nos camarades du Kremlin pour la modique somme de quinze mille dollars.

Tous les mois, *le K* me donnait un test sous la forme d'un hack, à chaque fois une Parisienne d'une vingtaine d'années. Par Parisienne, j'entends la fille dans le métro qui est trop belle pour prendre le métro, la it girl dont chacune des photos sur Instagram est méticuleusement réfléchie et qui utilise plus de cinq mots pour commander son café.

Fille sublime après fille sublime, je m'interrogeais de plus en plus sur le pourquoi du choix de ces cibles, je ne voulais pas poser de questions, mais c'était assez bizarre. C'est ce qui m'a mis la puce à l'oreille pour comprendre que *le K* était elle-même une descendante de Vénus, on aurait dit un vieux complexe refoulé, comme si elle essayait d'attraper un bout d'un monde qu'elle ne côtoyait pas. Elle aurait pu choisir n'importe qui, mais c'était toujours une bombe des Haussmanniens de Saint-Germain, du XVIe ou de Neuilly.

Peut-être que *le K* était triste, peut-être qu'elle était devenue grosse parce qu'elle était triste, ou triste parce qu'elle était grosse, tu choisiras, ou peut-être bien qu'elle connaissait toutes ces personnes.

Quoi qu'il en soit, au bout de la septième fois, j'ai fini par craquer. Parce que je connaissais la cible. Ça ne m'a pas empêché de trouver son mot de passe – une combinaison un peu dérivée de son nom de famille et de son prénom, huit lettres, aucun chiffre, aucun symbole, moins d'une heure à cracker.

Mais je ne l'ai pas donné au *K*, j'ai dit que je la connaissais, que je refusais le job. Je lui ai dit que c'était *cette* fille, *cette* fille qui te trotte dans la tête même si tu ne la connais pas vraiment. Tu la croises une fois par an, elle a des yeux si clairs et si radiants, d'un bleu océan si puissant qu'on voudrait se noyer dedans.

Bien qu'elle représente tout ce que tu désires, tu ne lui adresseras jamais la parole, car la collision du fantasme et de la vérité fait bien trop mal, la réalité anéantira tes idées toutes faites et tes rêves candides, donc elle finira avec un autre, le mauvais forcément, et lorsqu'il aura brisé son cœur, elle en sortira encore plus belle et brisera des cœurs à son tour.

Le K m'a dit concrètement qu'elle n'en avait rien à foutre. Elle voulait mesurer mes progrès tous les mois. Elle n'était pas ravie de ma rébellion, mais finit par céder et par me laisser sortir de la salle du temps – le début de ma hack life.

Seulement, au lieu de me donner ce qu'elle appelait les dix "commandemorts", elle ne m'en a donné que trois.

1. Tout le monde est flic.
2. Tout le monde hacke.
3. Tout le monde ment.

Le premier parle de lui-même. Dans ce monde parallèle, la paranoïa est une vertu, le mot clef c'est LE, pour Law Enforcement, à prononcer "hé lit" pour les shakespeariens, ça me fait mal d'écrire ça, mais pour comprendre, le synonyme le plus évident serait "cyberpolice".

Toujours garder en tête que LE est partout, LE voit tout, LE sait tout, c'est l'omniscience du troisième œil.

Le deuxième point désigne la démystification qu'il y a autour du terme le plus mal interprété du siècle : le hacker.

Là-bas, tout le monde est un hacker, mais seule une poignée l'est vraiment. Le terme est presque devenu parodique, les vrais ne l'emploient pas, tellement le mot est connoté péjorativement – la faute aux gosses de douze ans qui se revendiquent hackers sur leur bio parce qu'ils ont deviné le mot de passe Facebook de leur sœur.

L'ultime point concerne la confiance.

L'intégralité de ce microcosme repose sur une hiérarchie pyramidale fondée sur la réputation des acteurs. Si t'es personne, tu vas payer en premier, tu vas devoir faire confiance à un inconnu, et s'il existait une seule règle, ce serait de ne faire confiance à personne, donc si t'y connais rien, il y a de fortes chances que tu te fasses arnaquer une fois ou deux.

La loi est la mère de l'ordre, et ici c'est le Far West – 0 ou 1, bandit de grand chemin ou shérif, shit du Rif ou flics à six du mat devant ton pif, encore une fois : binaire.

N'importe qui peut être n'importe qui, il suffit de jouer un rôle : ton aventure peut t'emmener sur la route d'un eldorado de bitcoins, tu peux devenir un digital-millionnaire et digital-nomade, mais tu ne finiras pas dans une digitale-prison.

Prends *le K,* par exemple, elle a eu plusieurs vies, incarné des dizaines de noms, de pseudos, avec chacun ses particularités et ses spécificités – par exemple, elle signe toujours ses messages avec ce smiley :) Ce deux-points et cette parenthèse sont une manière de griffer son personnage, de mettre de la couleur au masque, afin de disparaître plus facilement pour incarner sa prochaine identité, avec d'autres codes.

Ce dernier commandemort est peut-être le plus important. Comme tout le monde ment, le poids de la vérité est en anorexie, la vérité est agonisante, un peu comme dans votre monde, elle suffoque, je pourrais être n'importe qui, RABBIN DES BOIS n'est qu'une suite de lettres, un pseudo utilisé par des dizaines de personnes auparavant, une voix dans ta tête.

Le jour même de mon intronisation aux égouts d'Internet, j'ai choisi la voie que j'allais emprunter. Dans ces profondeurs pixélisées existe un raz-de-marée de façons de faire de l'argent, avec plusieurs niveaux de difficulté et d'efficacité. Mais j'ai choisi de m'orienter vers ce qui me paraissait le plus familier, l'ingénierie sociale – SE (Social Engineering) pour les intimes –, l'art de manipuler quelqu'un afin de le pousser à exécuter une action, révéler des informations, par exemple, sans qu'il se doute de rien.

La philosophie de cette artère du hack repose sur l'idée suivante. Au lieu de chercher une faille technique pour accéder à son objectif, on utilise la faille évidente, toujours disponible, toujours exploitable, l'utilisateur de la souris et du clavier : l'être humain.

C'est justement cette caractéristique qui démarque l'ingénierie sociale du reste des autres piliers du hack. La connaissance technique n'est pas spécialement requise, ce qui explique son impopularité au sein de la communauté. Cette discipline fait figure de vilain petit canard de la famille.

Pourtant, l'ingénierie sociale est mal perçue uniquement par les zélotes puristes du clavier. John McAfee, informaticien fulgurant, fondateur de l'antivirus portant son nom, a dit que l'ingénierie sociale représente 75 % de la panoplie des outils qu'utilisent les hackers, et 90 % pour les meilleurs, parce qu'il n'existe aucune technologie au monde qui peut contrer cela : l'être humain sera toujours le maillon le plus faible de la chaîne lorsqu'il s'agit de sécurité.

J'aimerais pouvoir t'en dire plus, mais le temps presse, il est bientôt quatre heures, et l'art de hacker les gens ne se résume pas en quelques lignes.

Tout ce que je peux te dire, c'est que je vivais cela comme une délivrance, ça m'éloignait de mon quotidien morose et maussade. Ça ressemblait pas mal aux arnaques téléphoniques que je faisais avant, la majeure partie du travail reposant sur le fait de savoir mentir, comprendre et convaincre son interlocuteur.

J'ai donc rapidement nourri une affection particulière pour cette filière du hack, et après un mois de documentation intensive réalisée en écumant les tréfonds d'Internet, j'ai changé mon fusil d'épaule pour mon mode opératoire : au lieu de cibler des individus, j'ai visé les entreprises, et, plus précisément, BlackBerry.

À cette époque, BlackBerry bénéficiait d'une excellente image grâce à la baraka de Barack, Obama.

Au bal masqué du président des États-Unis d'Amérique – quel beau titre –, tu pouvais retrouver des lobbyistes de la marque au clavier, et même si Apple était leader incontesté, il existait encore un semblant de compétition entre les gladiateurs dans l'arène des smartphones.

C'est à ce moment-là qu'un rabbin des bois sauvage est apparu au beau milieu de ce bourbier putride, puisque, à la fin du premier mois de ma hack life, j'avais mis au monde une œuvre de piraterie cérébrale que je considère toujours à ce jour comme mon bijou le plus précieux, le joyau de ma couronne.

BlackBerry venait de lancer sa première (et dernière) tablette tactile, le BlackBerry PlayBook, afin d'essayer de concurrencer l'iPad d'Apple. Malheureusement pour eux, il existait un vide dans leur protocole de gestion de réparation de la tablette, vide qui, une fois exploité, m'a permis de devenir riche pour une raison tellement stupide qu'elle m'a convaincu de l'efficacité de la hack life. Globalement, pour obtenir un tablette, il suffisait de passer une demi-heure au téléphone avec l'assistance clientèle – qui se résumait à un cerveau dénué de libre arbitre, suivant méticuleusement les instructions du guide affiché en permanence sur son écran lui permettant d'aider le client.

Le plus beau dans l'histoire est que, pour une firme multinationale comme BlackBerry, à la fin du mois, un millier de tablettes en plus ou en moins, c'est le pourboire d'une soirée arrosée ; pour eux, ça passait dans les frais de réparation et de support technique, c'était pris en compte.

J'ai rapidement fait part de mon invention au *K* qui s'est proposée une nouvelle fois de vendre la méthode sur Evolution. Mais cette fois-ci, un honnête 50/50 des familles, avec un prix de deux mille dollars par copie.

Contrairement à PayPal, on pouvait se permettre de vendre plein de fois la méthode, puisque chaque pays avait son propre support téléphonique, la saturation était improbable.

Pour cinq cents dollars de plus, le client pouvait acheter le bonus de la méthode qui, grosso modo, permettait d'obtenir une tablette 32GO ou 64GO au lieu des 12GO de la tablette de base, ce qui augmentait la valeur du produit à la revente.

Le K avait même déboursé de l'argent de sa propre poche pour propulser notre annonce de vente en page d'accueil d'Evolution : on parle quand même de mille dollars par semaine, un investissement qui peut paraître démesuré mais qui est en réalité d'une rentabilité évidente, lorsque l'on sait que, chaque année, c'est quatre cent cinquante milliards de dollars qui se volatilisent à cause du cybercrime, et seulement 15 % de ces fraudes qui reposent sur les cartes de crédit. Le crime a innové, la fraude également, et d'ici à 2020, l'addition se comptera en trilliards.

Lorsque *le K* a posté l'annonce, la réaction a été immédiate, parce qu'on permettait d'alimenter une large branche du monde de la fraude. On fournissait une idée novatrice capable de générer des profits presque surréalistes.

Le premier jour, on a fait dix ventes.

Je n'en croyais pas mes yeux, tout ce que j'avais fait, c'était un test qui servait de démo, *le K* s'était contentée de rédiger la méthode sous la forme d'un eBook dans un style bien choisi sur une vingtaine de pages.

Cela m'a très vite fait gagner en notoriété et en réputation sur Evo, je commençais à me créer un carnet d'adresses d'anciens hackers qui étaient sur The Carding Forum avant qu'il ne ferme, l'une des toutes premières plateformes du darknet axées sur la fraude.

Comme a dit Warren Buffet, “Si tu ne trouves pas un moyen de gagner de l'argent pendant ton sommeil, tu travailleras jusqu'à ta mort”. Et je venais de trouver une double source de revenus quasi automatisée : d'une part, la méthode, qui se vendait comme des petits pains, d'autre part, les tablettes que je récupérais et que je revendais aussitôt sur Evolution.

Le phénomène prenait de l'ampleur tout seul. Une fois les retours des premiers clients, notre méthode était clairement devenue le filon d'une bonne partie de la fraude d'Evolution. Pour ma part, je connaissais par cœur les prénoms des employés de l'assistance technique du centre français.

Si tu tombais sur Georges, c'était Sésame-ouvre-toi, ce mec m'a presque rendu millionnaire à lui tout seul. Et ce n'est pas de sa faute, loin de là, il suivait seulement les ordres qui s'affichaient sur son écran vingt-quatre pouces, il ne se doutait pas une seconde que je représentais la moitié des appels de sa journée. Il lisait son script et faisait son job, ni plus ni moins.

Le plus incroyable est que la méthode fonctionnait presque trop bien. On pouvait se faire livrer une tablette par jour comme cinquante, et c'est d'ailleurs ce qui nous a coulés quelques mois plus tard lorsque la méthode est arrivée à saturation. On avait tellement écoulé de copies qu'au milieu de l'année 2014 BlackBerry a annoncé la fin du support pour le PlayBook, officialisant la fin de vie du produit qui ne serait plus mis à jour, ainsi que sa mise à mort commerciale.

Ce serait prétentieux de dire qu'on a coulé le produit, mais on a coulé le produit. Un mois après le début de la vente de la méthode, on retrouvait des tablettes à vendre sur tous les marchés et forums du darknet, mais également sur le clearnet grâce à eBay & Amazon.

L'ultime détail surréaliste de cette histoire est si insensé que tu risques de douter de sa véracité (quelque part ça m'arrange). Puisque BlackBerry a cherché à rectifier un problème sur sa tablette, alors qu'il n'y en avait aucun. La faille était tellement béante que je pouvais obtenir une tablette sans même en avoir une au préalable, j'appelais l'assistance technique pour une tablette que je n'avais pas, et BlackBerry n'a jamais compris cela. Ils continuaient de nous livrer jour après jour les tablettes, sans jamais se poser de questions, jusqu'à devoir déclarer mort leur propre enfant.

En moins de quatre mois, j'avais atteint l'objectif que je m'étais fixé sur une année. On était en 2014, j'entrais à peine dans la hack life, l'intégralité de mon butin était en bitcoins. Depuis, le prix de cette crypto-monnaie s'est envolé dans les cieux. Bien sûr, à l'époque, je ne pouvais pas encore le savoir, je continuais simplement à accumuler les bitcoins. Si on ne parle que de ce que m'a rapporté la vente de cette méthode, j'avais déjà plus de cinq zéros au total – tout ça grâce à l'explosion flamboyante du cours du bitcoin, qui l'eût cru ? Certainement pas la ménagère qui cuisine des pâtes Lustucru persuadée de s'informer devant le JT.

Après cette étape, il n'y avait plus de retour en arrière possible. J'étais dedans, j'étais même propulsé sur le devant de la scène grâce au succès de la méthode, j'avais fait gagner beaucoup d'argent à beaucoup de monde, moi le premier.

Pour *le K*, c'était relativement banal. Elle était quand même contente de l'efficacité de la méthode et ça nous a permis de nous rapprocher et d'établir de nouvelles directions stratégiques pour les prochains hacks.

On passait facilement chaque jour au moins six heures à discuter de tout et de rien, elle ne me voyait plus comme avant, notre rapport de force s'était équilibré, je faisais désormais partie de ses contacts, voire de ses associés par moments.

Rapidement, j'ai pu accéder au niveau supérieur de cet underground grâce aux relations du *K* et à mon récent tour de force. J'avais accès aux forums les plus convoités, j'étais dans des discussions IRC avec des Russes, des Israéliens et des Américains, j'avais plus de cinq cents contacts sur XMPP.

J'ai pu me nourrir de leur savoir pour alimenter ma créativité, pour tutoyer ce qu'il se faisait de mieux à l'époque – et bien souvent le nec plus ultra en matière de hack provient du royaume de la vodka.

Depuis le début du millénaire, le processus d'hypernumérisation de la société progresse à la vitesse du son, et la Russie a su trouver un arrangement avec ses hackers les plus talentueux, leur permettant d'éviter les ennuis judiciaires en cas de pépin s'ils répondent présents à l'appel du Kremlin quand il le demande – un marche-ou-crève classique.

De cette manière, la Russie a entrepris la création d'une branche quasi militaire de hackers brillants aux capacités infinies, parce qu'elle a réalisé à quel point cette armée est primordiale pour survivre à la révolution de l'écran. Qui plus est, son peuple est arrivé à la même conclusion, leurs jeunes délinquants sont sur ordinateur, ils ne vendent pas du pilon mais codent du Python. Il n'y a pas de fumée sans feu, l'élaboration du stéréotype du hacker russe est sans doute due au froid sidéral de Sibérie : lorsqu'il fait – 10 °C dehors et que tu peux gagner dix fois plus devant ton écran, au chaud, pourquoi sortir ? Le choix est vite fait.

L'inconvénient, c'est que, lorsqu'il s'agit du hack, les Russes sont les plus sectaires. C'est eux qui contrôlaient The Carding Forum et Evolution Market, soit les deux plus grosses plates-formes du cybercrime de l'époque. Ils avaient codé la plupart des malwares les plus répandus et les revendaient aisément – ils avaient donc la mainmise sur les pôles les plus rentables du milieu.

Cette infanterie du clavier, qui exécute les ordres de son gouvernement selon son bon vouloir, et que j'appelle le CEG, pour Comrade Elit Group, compte environ une cinquantaine de hackers. Je connais une dizaine de soldats de nom grâce au

K, mais je n'ai échangé qu'avec l'un d'entre eux, Dim, le mogul des réseaux sociaux.

À lui tout seul, il détient une audience de cent millions de personnes à travers des comptes Facebook, YouTube, Instagram et Twitter. Cent millions d'abonnés qui se font quotidiennement manipuler pour que germe dans leurs esprits inconscients une idée, une opinion, un avis.

Il est le maître de la pensée, il crée la tendance, le buzz, le bad buzz également. Il n'a que faire de la vérité, tout ce qu'il veut, c'est ton clic et ton attention, il n'a pas attendu Donald Trump pour faire des fake news, mais me croirais-tu si je te disais qu'il est en partie responsable de son élection ?

Je ne sais pas grand-chose sur Dim. Comme tous les hackers qui méritent véritablement ce titre, il livre le minimum d'informations nécessaires. Dim est polyglotte mais, en deux ans d'interactions avec lui, sa palette de mots se résumait le plus souvent à : "yes" "no" "fuck off" "send money to" suivi de son adresse bitcoin.

La rumeur qui courait l'identifiait comme l'un des trois fils d'une famille d'oligarques russes. Son père l'aurait envoyé à Eton College, une école privée anglaise, située le long de la Tamise tout près du château de Windsor, où la reine passe ses week-ends. Considéré comme le berceau de l'élite britannique, grâce à un savoir-faire dans l'éducation et dans l'apprentissage inculqué depuis le XVe siècle, Eton est avant tout une garderie de garçons privilégiés, de fils de sirs du top 100 Forbes, d'oligarques et de golden boys, soigneusement encadrés par les professeurs les plus brillants de leurs domaines, ayant eux-mêmes foulé les plus prestigieuses universités du monde.

Businessman, acteur, écrivain, homme politique, vendeur de marrons saisonnier, telles sont les carrières auxquelles vous pouvez aspirer une fois franchies les portes d'Eton. Un tiers des élèves ira poursuivre ses études à Oxford ou à Cambridge, mais tous paient l'équivalent d'une trentaine de Smic pour pouvoir passer une seule année dans cet établissement scolaire hors norme.

Eton est un lieu comme il n'en existe pas d'autre sur terre, c'est un havre de savoir dans un cadre utopique, qu'importent l'instrument joué, le sport pratiqué, la langue parlée, les ressources de l'école permettent un épanouissement et une découverte de soi comme nulle part ailleurs. Et Dim, lui, a choisi l'écran.

La seule chose dont je suis à peu près sûr est qu'il a un chat qui s'appelle argent, ou pépettes (traduit par Vodka Corp), et ça annonce parfaitement la couleur, il n'est pas là pour discuter mais pour s'enrichir, et lorsqu'il n'est pas sous le joug de Moscou, il est connecté quinze heures par jour, sept jours sur sept, et passe la majeure partie de son temps à vendre des services sur les réseaux sociaux à ses clients. En somme, il vend de l'influence.

Personnellement, j'ai eu de la chance. S'il n'avait pas eu vent de ma méthode BlackBerry, je ne connaîtrais même pas son existence. C'est lui qui m'a permis d'inonder le marché français grâce au million de comptes Instagram qu'il m'a revendus à un tarif familial. Ses fake comptes, qu'on appelle des bots, sont plus réalistes que certains profils tenus en toute légitimité, ce qui rend très difficile de distinguer le vrai du faux.

Ainsi, dès 2015, je contrôlais la quasi-totalité de la vente de likes, followers, et commentaires sur Instagram, j'avais tellement de commandes que j'ai dû engager des revendeurs. Cet exercice m'allait comme un gant, du candidat de téléréalité à la notoriété inexistante à la start-up qui veut redorer son image numérique, le spectre de ma clientèle n'avait pas de fin. J'encaissais tellement d'argent que je réinvestissais une partie de ces fonds dans des crypto-monnaies que je connaissais à peine : Litecoin, Ripple, Monero.

Puis je suis passé à Twitter, le réseau social où il y a le plus de bots. Pour être plus précis, environ 15 % de Twitter, cinquante millions de comptes, pourtant on accorde toujours autant d'importance à ces cent quarante caractères que ton cerveau chie quotidiennement. Puis YouTube, et, de fil en aiguille, j'étais présent sur tous les territoires de Dim. Il m'a donc proposé naturellement de rejoindre son équipe de revendeurs. Mais, cette fois, je n'avais plus besoin du *K* pour se porter garant de moi, mon pseudo suffisait, un membre du CEG le connaissait, j'étais fier, sans doute un peu trop, j'idolâtrais leurs connaissances et leurs capacités alors que, pour eux, je n'étais même pas dans l'équation – après tout, je n'étais même pas russe.

Mon partenariat avec Dim a constitué le second souffle de mon aventure numérique. Je lui dois énormément, mais je ne peux t'en dire plus car tout est vite parti en vrille, et je n'ai aucune envie de finir suicidé de deux balles dans le dos.

Car, vois-tu, en mars 2015, Verto, le créateur et administrateur du marché, a décidé de faire un exit scam, qu'on pourrait traduire par "sortie en arnaque", entraînant ainsi le siphonage de l'intégralité des bitcoins qui se trouvaient sur le site : arnaquant les utilisateurs qui avaient fait le succès d'Evolution et l'avaient couronné roi des marchés du darknet, autant dire, toute la communauté.

Non seulement personne n'a jamais réussi à retrouver Verto, mais l'estimation du butin varie entre vingt mille et quarante mille bitcoins selon un sondage Ipsos. À l'époque, un bitcoin valait environ trois cents dollars, le chiffre dont on parlait était douze millions de dollars.

Ce qui était choquant, c'était la rapidité de l'exécution de cet exit scam. Le marché venait à peine de souffler sa première bougie, il dominait d'une main de fer la compétition et proposait une plateforme bien mieux codée que les autres, diminuant drastiquement le temps de chargement des pages, ce qui fluidifiait le site d'une façon conséquente.

Alors pourquoi faire un exit scam ? Sans doute car il n'y a malheureusement que deux issues possibles lorsqu'on parle d'un darknet market : un exit scam, ou l'intervention d'une agence à trois lettres, et la fermeture du site par les autorités compétentes.

C'est cyclique, le marché est voué tôt ou tard à la mort, surtout lorsqu'il s'agit du leader du darknet. C'est inévitable, mais il sera toujours remplacé : le roi est mort, vive le roi.

Personnellement, je n'avais même pas de compte sur Evolution en tant que vendeur, je vendais dans l'ombre du *K*, qui, elle, prenait soin de retirer les bitcoins après chaque vente afin de les envoyer vers nos propres crypto-portefeuilles.

Je n'ai jamais osé demander à Dim s'il avait perdu de l'argent à cause de Verto. Pour le peu que j'en sache, il aurait pu être Verto, tout comme moi, ou Toi, car Verto a réalisé l'impossible : il s'est volatilisé comme par magie, sans laisser aucune trace, comme s'il s'était dissous dans Internet. À ce jour, il est encore le sujet de fantasmes de vengeance, il incarne un peu notre Voldemort – celui dont on ne doit pas prononcer le nom, ça n'apporterait que des ennuis.

Ainsi naquit AlphaBay.

AlphaBay, quel joli nom, c'est surprenant voire intriguant que cela soit aussi le nom de la maison mère de Google, à deux lettres près : Alphabet.

Mon AlphaBay, lui, est le leader des marchés du darknet depuis la chute d'Evolution. On parle quand même de six cent mille à huit cent mille dollars qui transitent quotidiennement sur le site sous la forme de crypto-monnaies, le bitcoin, l'Ethereum et le Monero.

Avec son demi-million de membres, son demi-million d'articles et son allure d'e-commerce enfantin, le site siège sur le trône du darknet depuis maintenant presque trois ans, une durée de vie record pour cette discipline.

Les marchés du darknet s'inspirent un peu de *Game of Thrones*. Là où il doit toujours y avoir un Stark à Winterfell, chez nous notre Stark est un marché roi qui distance ses compétiteurs à vue de clic, mais qui est condamné à une mort certaine et brutale – comme un Stark.

Pour autant, AlphaBay semble tenir la première place sans aucune difficulté. Au moment où tu liras ces lignes, le site ne sera plus là, on t'aura vendu une version officielle – officieusement, un mensonge éhonté –, les méchants cybercriminels seront morts ou emprisonnés, et tout ira pour le mieux au pays des merveilles.

La réalité est tout autre. Les véritables gérants d'AlphaBay ne seront jamais retrouvés. Il faut bien comprendre que ce business est extrêmement lucratif, le staff d'AlphaBay encaisse un million par semaine, c'est un catalyseur d'empire.

L'ingérence de certaines nations dont je tairai le nom sur ces plates-formes est évidente, car la récompense n'est pas en dollars, mais en crypto-monnaies.

Cette face du monde n'a que faire du capitalisme classique – il lui met déjà une décennie d'avance, le rêve américain 2.0, ni en euros ni en dollars, la vraie égalité des chances. Un retour sur investissement qui foudroierait n'importe quel banquier.

Donc, j'ai saisi la mienne, j'ai profité de la passation de pouvoir entre Evolution et AlphaBay pour m'insérer dans le cadre de la photo de famille, comme Sarkozy.

Une fois mon inscription effectuée, j'ai commencé à me faire de plus en plus présent sur les forums et les espaces de discussions sous mon pseudo de vendeur.

Je travaillais toujours pour Dim, mais, entre-temps, je m'étais spécialisé dans le SQL, langage informatique en relation avec la database, la base de données d'un site Internet. Le SQL est essentiel pour repérer des failles sur les sites Internet et avoir accès à la database – je vulgarise, mais ça évite le jargon technique.

Tous les jours, je trouvais des centaines de failles en scannant Internet avec mes logiciels. Ce n'est pas énorme, les Russes hackent quotidiennement des milliers de sites, mais tout le monde s'en fout éperdument.

J'étais devenu un data-dealer, je vendais les informations que je récupérais lorsque je hackais la database des sites : par exemple, cent mille adresses email, c'est cinquante dollars, j'étais le moins cher du marché, j'avais toutes les nationalités et tous les âges, et pour cinquante dollars de plus, j'envoyais un spam à l'intégralité de la liste.

Les informations d'une carte bancaire se vendent entre cinq et vingt dollars ; le prix dépend du nom de la banque, de l'origine de la carte aussi – le Royaume-Uni représente le must, les USA valent moins cher.

À cette époque, j'ai plus ou moins cessé d'exister socialement, mon unique contact physique de la journée était potentiellement la main de la boulangère qui me tendait ma baguette.

Mon processus de numérisation était enfin accompli, j'étais vide, seul, autour de moi je ne voyais rien, je distinguais seulement les pixels de mon écran, je gagnais tellement que j'aurais pu m'arrêter de travailler pour une vie ou deux.

J'avais une routine assassine, j'alternais entre les hacks de site, les réseaux sociaux et la revente des données, j'étais un top vendeur qui partageait la scène avec Thomas Shaw, Raymond Reddington, Larry Lovestein, Fitzgerald, ston3d, dolma, OneSellerUSA, Hemingway, Gaia88, StringerBell, PoodleCorp, et Sam, celui qui ne boit pas.

C'est un autre monde, un royaume de dépressifs misanthropes, cassés par les désillusions de la vie. Il faut le vivre pour comprendre, ça sonne triste là, mais c'est l'espoir d'un choix révolutionnaire, et si tu joues tes cartes correctement, tu peux changer ta vie à tout jamais.

AlphaBay est tellement attractif que PhishKingz gagne un million par an en recréant la page d'accueil d'AlphaBay pour que certains utilisateurs peu malins essaient de se connecter dessus : il cherche à obtenir leur identifiant et leur mot de passe, pour se connecter sur leur compte – cette fois-ci sur le véritable AlphaBay –, et leur voler l'argent qu'il pourrait y avoir dessus. Un piège à cons qui rapporte gros.

Mais très dangereux, puisqu'il vole toutes les sortes de cybercriminels.

De fil en aiguille, je consolidai ma position au sein d'AlphaBay. J'avais des ventes tous les jours et j'étais encore présent sur le business des réseaux sociaux. Je gagnais au minimum dix mille euros par mois, mais je vivais toujours dans un dix mètres carrés, chez papi, pépère.

Ça peut paraître énorme comme salaire mais c'est le minimum syndical si tu veux avoir l'audace de te faire appeler hacker. Mes connaissances du Kremlin, par exemple, empochent toutes six chiffres par mois.

Puis un beau jour, jackpot, alléluia, fin du rap game, Dieu bénisse l'ignorance, je trouve une faille sur un site majeur, le genre de vulnérabilité si critique qu'elle ne devrait même pas exister.

J'avais déjà mis la main sur des databases d'universités, d'entreprises, d'assurances et de mutuelles, d'agences immobilières, de boîtes de communication, de sites départementaux et de mairies, mais jamais, au grand jamais, je n'aurais eu l'irrespect de penser qu'une institution académique aussi légendaire que Sciences Po Paris puisse être accessible par le biais du toucher de mes doigts sépharades, et pourtant.

Chapitre 6
Anabase

Plus une database est légère, plus elle est rapide à télécharger. En l'occurrence, j'ai mis deux jours complets pour télécharger celle de Sciences Po. C'est long, très long, surtout quand il s'agit de quarante-huit heures de lignes vertes qui défilent sans arrêt sur l'écran, sans jamais que l'on sache quand ça va s'arrêter. Y a de quoi casser un meuble, une bonne chaise en bois, une petite armoire, c'est de l'entrée de gamme pour conserver sa santé mentale. Il faut un sang-froid comme celui des Russes dans ce genre de moment, eux qui ont mis par exemple trois mois avant de compléter le hack de Yahoo tellement la database était infinie – sans casser de meubles, juste des verres.

Trop excité à l'idée de parcourir les données récoltées, trop angoissé pour dormir, je vérifiais toutes les heures le bon déroulement du hack. Ce genre d'occasion ne se présente qu'une fois : une faille SQL sur un site de cette importance est aussi rare qu'une licorne, un alignement de planètes à ne surtout pas louper. Dormir dans un moment comme cela est impossible, c'est le hack d'une vie, même s'il est d'une simplicité enfantine.

Après quarante-huit heures interminables donc, l'avalanche de lignes vertes sur mon écran s'est enfin arrêtée, et après avoir cliqué sur le dossier *scpo_database* j'ai enfin pu jeter un œil aux données dérobées, retranscrites en une dizaine de fichiers.

Premier fichier, la liste de tous les inscrits aux conférences et événements de Sciences Po depuis 2010, contenant les noms, prénoms, adresses email et fonctions de 220 752 personnes.

Une ligne par personne, un carnet d'adresses gigantesque aux possibilités sans fin. Y en a partout, je ne sais pas par où commencer, j'appuie sur la touche CTRL et la touche F, raccourci qui, pour les moins doués de l'outil informatique, a pour objectif d'effectuer une fonction de recherche. Je tape sur mon infâme clavier Logitech à 9,80 euros le premier mot qui me passe par l'esprit – *ambassade,* neuf lettres, le compte est bon, Scrabble, c'est mon dernier mot, Jean-Pierre –, j'appuie sur la touche ENTRÉE.

Mille trois cents résultats.

M-i-l-l-e-t-r-o-i-s-c-e-n-t-s.

Le nombre résonne encore dans mon putain de crâne tellement le choc a été gigantesque.

Premier retour à la réalité : j'ai touché le gros lot, au total une liste de dix mille représentants diplomatiques de tous les continents – ambassadeurs, députés, sénateurs, ministres, attachés parlementaires, et même un ancien président. Indice, avec un petit concours des familles :

Tu veux recevoir l'adresse email d'un ancien président ?

Envoie ONCLE SAM ★petit clin d'œil subtil★ accompagné de la modique somme d'un bitcoin à l'adresse suivante :

6UG21S9YXm4V4g1QQA3JdNfwXKJfc2AuM

La plupart de ces adresses email étaient professionnelles. Mais ce n'était pas plus mal : si l'envie me prenait d'infecter ces cibles de haute importance, leur envoyer directement un mail était un très bon point d'intrusion.

Le reste du fichier était tout aussi croustillant. J'ai retrouvé l'intégralité du PAF, des étudiants du Tout-Paris – des journalistes aux chefs d'entreprise, du politique à l'intellectuel –, le gratin du carriérisme et de la bien-pensance, en osmose pixélisée sous mes yeux enterrés, tandis que mon cœur agonisait d'envie d'ouvrir le second fichier.

Ah, le second fichier. Ou comme je l'appelle, le futur de la nation.

Si on part du principe que 90 % du gouvernement sont issus de l'ENA et que 90 % des énarques sont eux-mêmes issus du master affaires publiques de Sciences Po, peut-on affirmer en appliquant le théorème de Pythagore qu'un individu détenant l'intégralité des informations personnelles et mots de passe des élèves en master à Sciences Po de la dernière décennie détient en quelque sorte une forme de futur de la nation ? Pour moi, un bon gros oui bien dodu. Quelle surprise… mais à ce qu'il paraît, tout dépend de la somme du carré de l'hypoténuse.

Les sinus bouchés, les paupières obèses, j'entame l'exploration du deuxième fichier en réalisant que je possède désormais les nom, prénom, adresse, adresse email, mot de passe, numéro de téléphone, date de naissance, de tous les étudiants en master de 2011 à 2015 de Sciences Po, rebaptisé Sciences Porc devant la boucherie que j'allais faire avec ces lingots d'infos.

Encore une fois, tu pourrais penser que cela n'est pas très important, pourtant, dans mon monde, ce genre de données est équivalent au ticket en or de Willy Wonka, c'est un aller simple pour la chocolaterie avec Charlie en résolution 1 080 p.

Après tout, rien ne m'empêche d'utiliser ces informations pour en voler davantage, de me servir de ces mots de passe pour récupérer d'autres mots de passe, comme un vrai hacker.

Qui sait, peut-être serait-il possible qu'un rabbin des bois enchanté parvienne même à accéder à certains comptes de leurs réseaux sociaux, après avoir puisé à sa guise sur Internet, décortiqué Instagram, Twitter, LinkedIn et, surtout, l'immortel blog créé entre dix et douze ans qui aurait dû être clôturé bien avant de lire cette ligne.

Saupoudre le tout d'avis sur Alloresto ou Yelp, de questions d'hypocondriaque angoissé sur Doctissimo, de géolocalisations trop fréquentes, et, au bout d'un moment, ce même rabbin pourrait bien avoir un contrôle total sur leurs vies, tel un marionnettiste des ténèbres.

Parce qu'une vie en 2017, ce n'est pas grand-chose. C'est gâché rapidement. Un selfie pas très catholique, une petite vidéo par-ci, deux trois mails par-là, un soupçon de SMS torrides, et à plus sous le bus, terminus, tout le monde descend.

Néanmoins, pas besoin de ruiner leurs vies pour magnifier la mienne. Plutôt que de les parasiter temporairement, il est bien plus intéressant de surveiller leurs moindres faits et gestes numériques sur le long terme. Encore une fois, ta vie vaut moins que les datas que tu produis. Pourquoi détruire lorsqu'il suffit d'observer patiemment dans l'ombre, et le moment opportun, porter l'unique coup fatal ?

La meilleure méthode pour gagner mille euros ? Prendre dix euros à cent personnes.

La meilleure méthode pour gagner dix millions d'euros ? Prendre cent mille euros à cent personnes.

Mais pas à n'importe quelles personnes. Il faut du pouvoir, de la richesse, de l'héritage, de la dynastie – il faut Sciences Porc, l'ultime boucherie sanguinaire.

Dans notre milieu, il y a un proverbe très connu : Si tu donnes une arme à quelqu'un, il peut braquer une banque, mais si tu donnes une banque à quelqu'un, il peut braquer le monde entier.

Et moi, j'allais essayer de braquer la plus belle banque du monde, la banque de données de l'élite parisienne dans son essence la plus absolue – les capitaines de la capitale, le vrai pouvoir.

Ainsi, avec *le K*, a-t-on concocté notre grand final, l'apothéose, l'anabase, la sortie en beauté, un dernier coup lors d'un hack IRL[1] afin de faciliter son exécution : une soirée parisienne dans toute sa splendeur, dans une belle rue de Saint-Germain peut-être, avec une liste de cent invités, tous triés sur le volet, selon la qualité et la valeur de leur présence pour notre hack. Si le convive n'est pas spécialement riche, il est influent et inversement. Et ce soir, si

1. In Real Life.

tout se déroule comme prévu, j'aurai une banque de données du top 100 de mon pays : leurs contacts, messages, photos, mails, mots de passe, en bref, la totalité des données de leurs téléphones – leur vie.

L'information est une autre forme de monnaie de nos jours. Un leak est une bombe. Ce qu'on voulait faire relevait quasi de l'espionnage de masse. Pendant six mois, on a ficelé la "soirée de l'année" en distribuant des invitations prétendument rarissimes via une application, codée par les soins du *K*, qui comportait une unique page, noir sur blanc, avec compte à rebours défilant.

À la fin du temps réglementaire, l'invité recevait un SMS avec un lien lui indiquant l'adresse de la soirée. En réalité, c'était surtout pour nous un moyen d'infecter son iPhone, car oui, ces gens-là ont tous des iPhones. Ce qui complique également la tâche pour le hack puisque les failles concernant iOS sont bien plus rares que celles sur Windows ou Android.

Ce genre de faille ne se trouve pas partout, il faut creuser profondément au fond du gouffre d'Internet pour espérer dénicher ces 0day – ainsi nommés car, devant leur puissance et leur potentiel, l'équipe de sécurité a une fenêtre de "zéro jour" pour colmater la brèche. En d'autres termes, il est déjà trop tard.

Il existe des 0day pour absolument tout et n'importe quoi : logiciels, systèmes d'exploitation, applications, routeurs, smart-frigos et caméras de surveillance… Ce terme désigne juste une faille, un “exploit”. Et malheureusement pour nous un 0day pour iOS coûte très cher. Mais rien qu'une somme à quatre zéros ne puisse résoudre.

L'avantage était qu'on connaissait déjà les vendeurs. Le Comrade Elit Group se fait une joie de vendre certains de ses 0day du moment qu'ils en tirent un bon prix et qu'ils te connaissent. Comme il y en a pour tous les goûts, les prix varient énormément, mais tous les principaux acteurs en achètent : des cybercriminels aux agences à trois lettres, des gouvernements à l'espionnage industriel. Le 0day représente le vecteur d'attaque au taux de succès le plus élevé, la majeure partie des opérations d'envergure est facilitée par un ou plusieurs de ces exploits.

Si tu es capable de coder un 0day, c'est comme si tu étais Midas : ta vie sera dorée. Mais si tu connais quelqu'un qui connaît quelqu'un, ça peut aussi passer. En l'occurrence, *le K* et moi-même étions approuvés depuis longtemps par nos confrères camarades. Grâce à ma visibilité sur AlphaBay, j'avais pu servir à maintes reprises d'intermédiaire entre deux parties pour effectuer un achat ou vendre un service, j'avais tutoyé du regard certaines databases qui pouvaient à elles seules m'ôter bêtement la vie, sur mon disque dur se trouvait probablement de quoi me garantir vingt ans de prison, et sur chacune de mes clefs USB plusieurs années de Smic.

Une fois le 0day acheté, *le K* a commencé à coder l'application, et j'ai établi la partie la plus sociale : définir l'endroit de la soirée, engager un traiteur, prévoir un open-bar, et surtout, réfléchir à la manière de convaincre cent individus de qualité de venir à une soirée dont ils ne savent rien, où ils ne connaissent personne.

Parce que, évidemment, dans une opération criminelle, on évite de laisser des traces. On n'allait pas créer un événement sur Facebook et envoyer un poke pour avoir un RSVP. Ça devait être subtil, susciter l'attention du gratin parisien sans en faire un fromage. Compliqué, tellement compliqué que même mes jeux de mots en pâtissent, mais pour inventer la soirée de l'année et dérober du même coup autant de gigas de datas : c'est très compliqué.

Au final, on a opté pour l'option la plus logique, l'ego.

On a propagé la rumeur d'une soirée exceptionnelle, unique, dans un lieu secret dans le Paris à quinze mille le mètre carré, avec une liste d'invités à faire un AVC, et cerise sur le gâteau : impossible de se faire inviter.

Alors, à quoi bon ?

Appâter une ultime fois la viande.

Encore une fois, le génie du *K* m'a foudroyé sur place. Je ne sais pas comment elle a pu imaginer cela, ou si l'idée lui est venue sur le moment, mais j'ai enfin pu comprendre pourquoi elle m'avait fait hacker les femmes les plus belles de Paris il y a si longtemps : parce qu'elles chuchotent à l'oreille du pouvoir.

Disons que t'es confortablement installé dans ton canapé lorsqu'une déesse te raconte qu'une soirée de légende va se dérouler bientôt mais qu'il est impossible de dégoter une invitation : tu serais frustré. De la même façon que si je m'apprête à te dire un secret pour au final garder le silence, tu voudras connaître le secret. En clair, on a monté une entreprise de marketing de réseaux sociaux bidon avec un vieux site flingué et on a contacté toutes ces filles en leur expliquant qu'on souhaitait les embaucher pour une mission d'événementiel, qu'elles seraient rémunérées (elles ont pas touché l'ombre d'un centime), et qu'elles devaient simplement faire tourner le mot concernant cette soirée *déclassée*.

Et lorsqu'une des filles se retrouvait finalement nez à nez avec une personne qui lui parlait de la soirée, sans qu'elle-même lui en ait parlé, alors elle pouvait lui révéler l'adresse du site pour s'inscrire sur la liste. Pas évident à décrire, mais très efficace : un téléphone arabe avec pour seul pilier, le fantasme.

Ça a été facile de convaincre les filles. Arrivé à un certain niveau d'information, c'est comme si tu connaissais déjà la personne. Certains disent qu'il ne faudrait que soixante-huit likes pour déterminer, avec 85 % de fiabilité, l'orientation sexuelle et l'appartenance politique d'une personne. On vit dans une industrie de la persuasion qui définit et manipule le comportement de milliards de personnes quotidiennement. Donc, dans mon cas, une enveloppe bien garnie, une soirée avec des gens importants, une belle vue pour Instagram, c'était vite réfléchi.

Bien sûr, on a eu des ratés. Le premier mois, on avait déjà cinq cents visites sur le site alors qu'on ne comptait inviter que cent convives. Et seulement un dixième se qualifiait sur notre barème de rentabilité. Beaucoup trop de monde était au courant, mais pas suffisamment les bonnes personnes, et tous voulaient en être.

En d'autres termes, on devait les recaler à l'entrée et se recentrer sur notre cœur de cible : l'intelligentsia parisienne, les anciens riches et les nouveaux pauvres.

Avec de la persévérance, du temps, et beaucoup de beaux discours, on a finalement réussi à remettre la liste des invités dans le droit chemin. En revanche, on avait perdu tout contrôle sur la rumeur, pas sûr que les Daft Punk, Xavier Niel et Hanouna soient présents ce soir-là.

Pour l'organisation, on a fait appel à une véritable agence d'événementiel, afin de faciliter la location du lieu, les serveurs, le set musique, le traiteur et l'open bar, en bref, toutes les conneries annexes qui font la qualité de l'appât. En réalité, la soirée n'était pas la finalité. Une fois l'application téléchargée, leur sort était déjà scellé, viande à tout jamais. Réunir toutes ces personnes permettait uniquement d'éviter de déclencher un éventuel blocage dû à la localisation de l'adresse IP lors d'une tentative de connexion à un compte quelconque d'une quelconque victime, et si toutes les victimes se trouvent au même endroit au même moment, encore mieux.

Qui plus est, la soirée risquait de dégénérer : aucune indication donnée, ni sur le site ni sur l'application, aucun dress code établi, pas de mention quant aux fameux +1, mais plus on est, mieux c'est, ça permettra de noyer le poisson. Une partie seulement des convives sera affectée par notre hack, l'autre sera épargnée. Ils mettront sans doute beaucoup de temps à réaliser que cette soirée fut l'épicentre d'un séisme d'emmerdes pour eux.

Quand bien même ils le comprendraient, l'agence engagée serait la première en ligne de mire, et puisque *le K* s'est assurée de les payer avec de l'argent en provenance de comptes pas très catholiques, pas moyen de remonter aux auteurs de ce coup d'État invisible.

Car oui, si je fais cela, c'est pour tutoyer le pouvoir, le vrai, sans son accord évidemment. Je n'aurais jamais croisé le chemin de ces personnes si je n'en avais pas décidé. Ce n'est pas leur faute, à leur place je ne me serais même pas donné l'heure. Être roi, c'est s'asseoir sur le trône mais aussi savoir conserver sa place. Celui qui prétend être digne de la couronne doit savoir la garder, eh oui, l'État, c'est moi, c'est nous, mais certainement pas toi.

L'étape de Sciences Po représentait déjà pour moi un accès à l'antichambre du pouvoir, la première classe dont je rêvais il y a fort longtemps. Maintenant, il me suffisait simplement de réunir l'élite le temps d'une soirée afin d'accéder au cockpit et de crasher l'avion moi-même si l'envie m'en prenait.

D'ailleurs, je n'ai toujours pas décidé de ce que j'allais faire de ces datas, probablement les utiliser, ou les vendre afin d'éviter de devenir une banale copie d'un humain moyen. Ce n'est plus une question d'argent mais de condition. Observer attentivement l'engrenage du pouvoir pour le cracker est une drogue, je ne vais pas sauver le monde, juste prendre ma part et disparaître dans un nuage de fumée virevoltant.

Sauver le monde voudrait dire changer le monde. Personne ne change le monde. Zappe de Gulli, essaie de changer le monde et c'est lui qui te changera. Après deux, trois gifles de lucidité, tu seras moins bavard grand Gandhi, tu plieras le genou, finiras docile et mou, donc blâme-moi autant que tu le souhaites mais mon choix est fait : je veux cloisonner les esprits, détruire des rêves, faire chuter le président pour faire élire le prochain, composer le programme d'histoire, le menu de la cantine et la grille des programmes.

Un jour, un pays ? Pourquoi pas ?

Une île non référencée sur Google Maps ? Bon investissement.

Un hôtel ? Trivago.

Si tout se passe correctement ce soir, rien ne m'empêche de réaliser tout cela, je pourrais même m'innocenter d'un délit que j'aurais pu commettre.

[17:34] --- *Le K a rejoint le salon de discussion*
[17:35] *2 utilisateurs connectés (RABBIN DES BOIS) ; (*le K*) : mode dialogue activé

le K : ferme ta vaste gueule non ?
RABBIN DES BOIS : Je conclus.
le K : on a plus le temps pour tes singeries marc levy là, tu vas quand même pas donner l'adresse tant que t'y es ?
le K : sérieusement, à quoi bon, personne va te croire de toute façon, et c'est pas plus mal
RABBIN DES BOIS : J'aime bien la vérité, fais-moi un procès.

le K : je préfère le c@$h, dépêche-toi, je pars maintenant, on se retrouve là-bas dans une demi-heure ok

RABBIN DES BOIS : Donne-moi 5 minutes.

[17:35] --- *Le K a quitté le salon de discussion*

[17:35] *1 utilisateur connecté (RABBIN DES BOIS) : mode solo activé*

Hier, maman est morte.

Aujourd'hui, peut-être bien que Tu as pris sa vie pour me donner la vue.

Ce matin, je suis passé voir mon père une dernière fois à Chevilly-Larue.

Encore les mêmes têtes, les mêmes bâtiments moroses, ils ont refait son hall pour lui faire croire qu'il était moins pauvre, mais il sourit encore.

Il est passé par la DDASS, a travaillé toute sa chienne de vie, a enterré sa femme, et tout ça pour quoi : un HLM infesté de souris, un fils énigmatique qui à chaque fois qu'il le regarde dans les yeux sent le poids du gâchis, repense à ses cent trente points de QI, à qui stupide pute putride a conseillé un CAP boucherie. Je me dégoûte trop pour lui montrer que je suis mort à l'intérieur, que le fils qu'il espère revoir, celui qui normalement aurait dû essayer d'être normalien, est froid et fané.

La foudre s'abat sur moi si je le laisse finir ses jours dans ce bloc, il est le vrai héros du quotidien. Mais bientôt, tout ira pour le mieux. Il ne réalise peut-être pas que le tweet de Nabilla est plus influent que celui de François Hollande, ni l'ampleur de ce que je compte accomplir ce soir, mais ça n'a pas d'importance. Il sera l'heureux héritier des retombées de la mutation numérique de notre monde.

La vie de ma mère ne tenait qu'à un fil, la mienne aussi quelque part, celui du routeur. Ça fait peur, elle morte devant mes yeux, mais lorsque je redescends de chez mon père, une ancienne connaissance me demande si je vais mieux. Je réponds non, il me dit que c'est la faute au 11 Septembre, que tout est complot, mon Dieu, trente-cinq minutes sur YouTube et prétendre connaître la vérité sur l'événement le plus important du millénaire, cisaille-moi une artère par pitié, rien de pire qu'un mouton qui pense ne plus en être un parce qu'il a changé de berger.

Une ultime fois, je décide de donner mon avis, je lui réponds qu'à mes yeux il loupe la vision d'ensemble, rien à foutre des terroristes, de Bush, de leur complot judéo-urugo-islamo-arabo-musulman et de toutes ces conneries, ce qui compte, c'est le résultat, et mis à part deux tours en moins, c'était surtout la première fois que la planète était connectée en simultané en temps réel devant le même moment, le monde s'est arrêté, et tout ça grâce à l'écran.

Ironie du sort, il ne m'écoutait même pas. Ça faisait deux minutes qu'il avait décroché, les yeux rivés sur l'écran, car un Pikachu sauvage était apparu – il jouait à Pokemon Go. Il était tellement phasé que je n'ai même pas eu le temps de lui dire que c'est aussi pour cela que tout le monde se souvient de ce qu'il faisait à cet instant, la découverte de ces pixels funestes, la résolution de la déflagration, le ton orangé explosif des flammes, gravés à jamais dans nos mémoires, ça aurait pu lui mettre la puce à l'oreille concernant la future domination numérique, mais non, et quinze ans plus tard, il attrape un Pikachu au lieu de m'écouter.

Sur le chemin du retour, j'ai constaté que tout le monde jouait au même jeu que lui, absorbé par le moniteur jusqu'à en devenir l'esclave, un bal de zombies – et tout ce qu'il fallait, c'était une application qui parle à tout le monde, un jeu qui ressuscite l'enfance d'une génération, une nostalgie satisfaite, un souvenir assouvi. Ça faisait longtemps que je n'avais pas vu autant de sourires dans les rues de Paris, des hordes de viandes écervelées qui, l'espace d'un instant, arrêtaient de prétendre, se laissaient interner dans le purgatoire de l'écran, une bouffée d'oxygène numérisée, avant de retourner sombrer dans les bas-fonds de l'océan de la déchéance.

Il y a dix ans, on me disait que rester scotché devant l'écran trop longtemps allait flinguer mes yeux.

Bientôt, on enfilera sur nos têtes des casques de réalité virtuelle. On s'échappait du monde par l'écran, bientôt on s'échappera de l'écran par le monde.

Une vue de taupe mais je n'ai jamais vu aussi clair, d'ici à cinq ans viendra le cyber 11 Septembre, à défaut de t'être réveillé avec Aaron Schwartz ou Edward Snowden. Une conscience numérique collective viendra au monde avec le premier cyberattentat, lorsque les avions tomberont du ciel comme des mouches, qu'un blackout renverra une nation à l'âge de pierre ; ou bien l'effondrement de l'économie globale ; peut-être une guerre mondiale qui éclaterait à la suite d'un hack, par exemple. Je me mouille pas trop. #onsaitjamais

Il faudra combattre les cyberméchants pour conserver ta cybersanté, donc plus de lois. Mais plus de lois, plus de déviances (qui d'ici là seront très clairement ancrées dans la cybercriminalité), donc plus de hackers, donc plus de lois : logique.

D'ici dix ans viendra la domination de la "voix". Le phénomène commence à prendre ses racines grâce aux quatre cavalières de l'Apocalypse : Siri, Alexa, Cortana et Home. Tu peux déjà en voir un aperçu grâce au film *Her*.

J'ai presque oublié Mark Zuckerberg, qui lui deviendra président aisément, il a fait élire Trump, donc il n'aura aucune difficulté à finir au 1600, Pennsylvania Avenue.

À un certain moment, on apprendra à nos enfants à coder dès l'école primaire, puis viendra la banalisation de l'intelligence artificielle qui sera implantée afin de défendre tes libertés et ta sécurité malgré les prémonitions apocalyptiques d'Elon Musk, et l'être humain restera en veille éternelle devant sa version optimisée 2.0.

Ou pas.

Peut-être que je me trompe totalement sur le pitch du film.

Mais la séance débutera bien à l'heure.

Le plus ironique dans cette sombre affaire est que, pour garantir et renforcer notre future sécurité, ils ont besoin de hackers. Nous allons devenir le système immunitaire de notre société. Il existe pourtant un paradoxe évident dans notre communauté concernant ce sujet.

Imaginons que, l'espace d'un instant, j'aie décidé de "sauver le monde"... Voici ce que j'aurais fait.

Premièrement, j'aurais contacté un journal, *Le Monde* par exemple, principalement parce que le mot "déontologie" fait encore partie de son vocabulaire, et surtout, c'est le même groupe que Sciences Po, ça aurait pu faciliter les échanges.

Se présenter seul à Sciences Po pour leur dire "Sh@lom, vous avez une faille informatique d'une taille quasi illégale" serait une folie, la voie la plus directe pour se faire écraser par le système.

Aidé de la presse, tu pourrais au moins dialoguer, qui sait, peut-être même que Sciences Po accepterait de ne pas porter plainte en cas de coopération maximale. Mais faire cela entraînerait le désaveu instantané de ma communauté – un lourd sacrifice.

Je pourrais même leur donner directement la localisation de la faille après deux heures de discussions téléphoniques conviviales dans une ambiance Pegi 3+, avoir la garantie du directeur de la communication de l'école qu'il ne porterait pas plainte, mais le croirais-tu ?

Disons même que j'ai essayé d'entrer à Sciences Po, allez, disons ces trois dernières années. Que j'ai eu un bon dossier, allez, soyons fou, on va dire que j'ai eu A, que j'ai loupé mon admission à rien, que j'essaie simplement d'aider l'école qui pourrait changer ma vie d'une façon drastique en la remettant dans le droit chemin, le croirais-tu ?

Si tu étais à ma place, prendrais-tu le risque de mettre tapis, de faire le all-in le plus insensé qui soit, simplement pour… pour quoi ? Faire une bonne action ?

Ferais-tu confiance au système ? La parole d'un homme, d'une institution ?

Je t'en prie, réveille-toi.

Ils vont m'attaquer en justice, publier un communiqué mensonger en réponse et cracher dans la main tendue, quatre mois d'enquête, perquisition dans ce qui me sert de domicile, garde à vue, mise en examen et procès.

Alors que, sans moi, peut-être n'auraient-ils jamais trouvé la faille, signifiant ainsi que d'autres hackers pourraient encore récupérer leurs données.

Car la vérité, c'est que, dans mon cercle de fréquentation, tout le monde avait déjà hacké Sciences Po – d'où vient le Macron Leaks d'après toi ?

Macron Leaks, c'est simplement des Sciences-Pistes "jeunes et dynamiques" dont les datas se trouvaient dans la base de données de leur école. Et cette élite de la nation a évidemment œuvré pour mettre en marche ce président. #jeudemotnonapprouvéparlacommissionhumoristiquefrançaise

Tu comprends ce que j'essaie de t'expliquer, viande astrale ? Tout a une conséquence. Donc lorsque Sciences Po se fait hacker, une partie du staff de Perlimpinpin United se fait hacker, et une fois un semblant de brèche détecté, c'est déjà trop tard.

Si c'était pas suffisant comme cela, la base de données de Sciences Po est vulnérable depuis 2014 selon mes estimations, alors pourquoi prendre le risque de sauver un navire déjà coulé ?

Et tout cela aurait pu être évité si la justice savait évoluer sur la question, mais qu'est-ce que je vais faire ? Écrire un livre pour "avertir les gens" ?

Le monde aurait dû se réveiller à la mort d'Aaron Swartz il y a déjà bien longtemps. Une seconde chance vous a été donnée grâce à Snowden, mais pour autant tout le monde s'en fout royalement. Pas une once d'inquiétude, tu restes serein dans ton ignorance, continue à voter, ils te chient dessus avec l'élégance d'un shih-tzu…

Je ne vais rien changer du tout. Je suis obligé de rester du côté obscur, je n'ai pas vraiment le choix, à vrai dire.

Le système se mord la queue pour une raison : tout est soigneusement calculé. Demande-toi pourquoi tout ce que je peux faire, c'est me taire. Au lieu de dire merci, ils harassent ma race, une ingratitude évidente pour essayer de retarder l'inévitable. Mais ton monde va bientôt imploser, bientôt tu ne seras plus un porc solaire, ni une truie lunaire, que tu le veuilles ou non, tu vas te réveiller.

Donc, désolé, mais je vais m'en tenir à mon plan, tel Néron qui regardait Rome rôtir, je me régalerai du choc générationnel des ancêtres s'accrochant encore à leur soupçon de réalité, luttant pour la survie de leur espèce devant l'avènement de l'écran. J'aurai essayé de te prévenir au moins, l'impression que ma dépression a révélé leurs désillusions. Et deux cents bitcoins plus tard, ma hack life touche enfin à sa fin, j'ai vu le jour un jour de juillet, la lumière m'a dit t'as le choix d'être bon, vas-y, Ani, lève-toi et code :)

[17:35] --- *RABBIN DES BOIS a quitté le salon de discussion*

[18:28] --- *Le K a rejoint le salon de discussion*
[18:28] ⋆1 utilisateur connecté (*le K*) ;

le K : t'es où ?
le K : dépêche-toi stp j'ai pas envie d'être en retard sur le plan

[22:48] ⋆1 utilisateur connecté (*le K*) ;
le K : les premiers invités commencent à arriver, t'es pas en train de me planter j'espère ?
le K : je lance le hack dans 10 minutes, avec ou sans toi

[23:59] ⋆1 utilisateur connecté (*le K*) ;
le K : qu'est-ce que tu fous putain ?
le K : tant pis pour toi

[04:20] ⋆1 utilisateur connecté (*le K*) ;
le K : :)

[04:20] --- *Le K a quitté le salon de discussion.*
[04:20] --- *La conversation privée est interrompue.*

RÉALISATION : NORD COMPO À VILLENEUVE-D'ASCQ
IMPRESSION : CORLET IMPRIMEUR À CONDÉ-EN-NORMANDIE
DÉPÔT LÉGAL : MAI 2018 N° 138547-7 (206551)
IMPRIMÉ EN FRANCE